FABIAN BURSTEIN

EROBERUNG DES ELFENBEINTURMS

STREITSCHRIFT FÜR EINE BESSERE KULTUR

ATELIER

EDITION ATELIER WIEN

Inhalt

- **9** Kultur, was ist das eigentlich?
- **14** Die existenzielle Krise des Kulturbetriebs: ein Generationenkonflikt
- **17** Österreichische Kulturskandale der letzten 10 Jahre – eine Bilanz des Grauens
- **22** Ein klarer Kulturbegriff für eine klare Zukunftsstrategie
- **27** Kunst muss gar nichts: ein Missverständnis, das zum gefährlichen Selbstläufer wurde
- **35** Kultur ohne Ideologie. Oder: der Untergang kulturpolitischer Visionen
- **42** Publicity-Killer Kultur: eine politische Fehleinschätzung
- **47** Rechte Ideologie und ihre kulturellen Mitstreiter: ein schauriges Rollenmodell
- **51** »Populistische« Gegenansprachen
- **56** Eine »Kultur GmbH« als Blackbox der Entscheidungsfindung
- **59** Vom Insiderjob zu einem Job für Kultur-Insider
- **74** Eine neue Bildungskultur mit Kultur in der Bildung
- **81** Der Kampf gegen das kulturelle Bildungsversagen kann beginnen: Lasst uns Klartext reden!
- **89** Transformation? Nein, danke! Oder: das Digitaldesaster im Kulturbetrieb
- **92** Unsere einzige Chance: eine digitale Machtumkehr im kulturellen Generationengefüge
- **96** Unreif, aber alles andere als jung: die toxische Networking-Kultur der Alt-98er

- **101** Ein apokalyptischer Vorreiter namens *Napster* – ein Beispiel dafür, wie Kultur keine oder die falschen Rückschlüsse zieht
- **104** Plädoyer für eine Renaissance der Neugier
- **113** Die österreichische Variante von Neugier: Kenn ma ned, brauch ma ned, hamma schon!
- **121** Warum nicht? Der Versuch einer Trendwende
- **125** Solidarität – kein Kampfbegriff, sondern ein Kulturbegriff
- **130** Eine Utopie namens »Applaus 2024«
- **135** 23 Denkanstöße für einen reformierten Kulturbetrieb

- **153** Quellenverzeichnis
- **160** Literaturempfehlungen
- **161** Lesenswerte Links
- **162** Personenregister

Bring mir die Söhne von allen Huren und Nutten
Bring mir die Fiebrigen und die Kaputten
Bring mir die Dicken und bring mir die Sünder
Die ohne Hoffnung sind, hungrige Münder
Gib mir Funken und Flammen, um zu brennen
Gib meinen Lungen Luft, um zu rennen
Es sind harte Zeiten, um alleine zu stehen
Doch harte Zeiten werden kommen und harte Zeiten werden gehen

Thees Uhlmann – 17 Worte

Kultur, was ist das eigentlich? Mit der bedeutungsschwangeren Anbetung dieser Frage könnte man Hunderte Seiten für einen epischen Wälzer schinden. In historischen Abrissen ließe sich der Kunstbegriff der Antike von Griechenland bis China ausrollen, um gleich im Anschluss die inhaltliche Abgrenzung zwischen Kunst und Kultur zu diskutieren. Je nach universitärer Fachrichtung wäre dann zu klären: Ist Kultur bloß Platzhalter für die Lebensweise eines Volkes und seiner gesellschaftlichen Gruppen oder doch ein Sammelbegriff für materielle und geistige Güter der Menschheit? Dürfen wir uns dazu hinreißen lassen, Kultur als Alltagsbegriff für künstlerische Angebote zu verwenden, was natürlich vollkommen unwissenschaftlich wäre? Und wenn ja, müssten wir dann zumindest einen kulturphilosophischen Diskurs zu Theodor W. Adornos Theorie der Kulturindustrie anzetteln, damit wir beim nächsten großen Festival sattelfest zwischen E- und U-Musik – vulgo »ernster« und »Unterhaltungs«-Musik – unterscheiden können? Provozieren wir ein bisschen, indem wir mit Hilfe von Sigmund Freud eine Portion Sex in die Debatte bringen und kreative Tätigkeiten als schöngeistige und vor allem nichtsexuelle Veredelung unserer Triebe präsentieren? Oder lassen wir die Kirche im Dorf und zitieren einfach die UNESCO, die mit der lebensfremden Technokratie einer weltumspannenden Megabehörde festhält: »Die Kultur kann in ihrem weitesten Sinne als die Gesamtheit der einzigartigen geistigen, materiellen, intellektuellen und emotionalen Aspekte angesehen werden, die eine Gesellschaft oder eine soziale Gruppe kennzeichnen. Dies schließt nicht nur Kunst und Literatur ein, sondern auch Lebensformen, die Grundrechte des Menschen, Wertsysteme, Traditionen und Glaubensrichtungen« – oder einfacher ausgedrückt: Laut UNESCO ist alles Kultur.

Ja, wir könnten uns auf so eine Reise der ausufernden Definitionen begeben. Oder aber wir machen Schluss mit diesem Eiertanz, der sinnbildlich für die Bemühungen des Kulturbetriebs steht, sich sämtlichen Kategorien des Hausverstandes durch Abstraktion, scheinbare Intellektualisierung und hochtrabenden Phrasen-Overkill zu entziehen. So kompliziert nämlich die sprachlichen Codes der kulturellen Akteurinnen und Akteure für Außenstehende wirken, so bequem sind sie für den Kulturbetrieb an sich, der sich dadurch jeglicher Form von Bewertung durch die Mehrheitsgesellschaft entzieht und eine hermetisch abgeriegelte Blase bildet. Was sich als harte Schule des kulturellen Diskurses tarnt, ist in Wahrheit eine Komfortzone der beliebigen Ermessensspielräume.

Für die Lenker:innen des Kulturbetriebes bedeutet das nämlich, dass sie sich niemals auf harte Fakten wie zum Beispiel Ziel- und Leistungsvereinbarungen festnageln lassen wollen, sondern lieber Zuflucht im Labyrinth der hehren Ziele suchen, wo sich die passende Rechtfertigung hinter einem Bücherregal voller Dissertationen, Kurator:innentexte und philosophischer Herleitungen verbirgt.

Für den Nachwuchs auf den Kunsthochschulen bedeutet das, dass das Kreisen um sich selbst und die eigenen künstlerischen Gefühle zuungunsten einer radikalen Auseinandersetzung mit der Welt bereits im zarten Hochschulalter beginnen darf und auch nicht an handwerkliche Maßstäbe gebunden ist. »Wenn ich sage, dass ich Künstler bin, dann bin ich es auch!« Solche und ähnliche Sätze hallen um drei Uhr nachts durch die Student:innenkneipen in der Nähe der Kunsthochschulen. Das Sendungsbewusstsein der Urheber:innen ist zwar bierselig – das ändert aber nichts daran, dass sie es bierernst meinen. Grenzziehungen obliegen ausschließlich der Professor:innenschaft, die sich wiederum hinter einem konservativen Geniebegriff verschanzt und diesen ohne didaktische Einschränkungen in der Lehre exekutiert.

Für die Künstler:innen und Kulturschaffenden bedeutet das, dass sie weiterhin jede Form von Rechenschaft gegenüber Verwaltung und Politik als Kleingeist einer verständnislosen Bürokrat:innenbande diskreditieren dürfen, und für Kulturverwaltung und Kulturpolitik bedeutet das, dass sie die Anliegen der Künstler:innen und Kulturschaffenden weiterhin als Spleen weltfremder Chaot:innen abtun wird.

Insgesamt müssen wir festhalten: Was sich für den Kulturbetrieb wie ein schicksalhaftes Perpetuum mobile mit musengeküsstem Antlitz anfühlt, ist für die Akzeptanz in der Mehrheitsgesellschaft ein destruktiver Teufelskreis. Das ist aus zwei Gründen deprimierend.

Erstens, das theoretische Referenzsystem aus den Kultur- und Geisteswissenschaften, aus der Philosophie und aus dem forschenden Kunstbetrieb bezieht sich nach wie vor auf Quellen aus anderen Jahrhunderten. Das ist so, wie wenn wir E-Mobilität mit dem Aristotelismus erklären: Ist irgendwie schlüssig, beinhaltet aber keine operativen Handlungsanleitungen für das Hier und Jetzt. Auf einem derart rückwärtsgewandten Fundament muss man auch nicht mehr argumentieren, warum die Shakespeares, Tizians und Mozarts dieser Welt dringend zeitgenössische Äquivalente benötigen. Diese »Nichtargumentierbarkeit« spielt wiederum den Führungskräften des Kulturbetriebs in die Karte, die von der Ochsentour befreit sind, mit Nachwuchskünstler:innen den beschwerlichen Weg zum zeitlosen Klassiker zu gehen, und sich stattdessen lieber im Altbewährten suhlen.

Zweitens, das renitente »Sich-Entziehen« aus breitenwirksamen Regelwerken und Strukturen hat auch schon mal Sinn ergeben. Zum Beispiel nach dem Zweiten Weltkrieg, als Österreichs Institutionen von der totalitären Ideologie des Dritten Reichs verpestet und das Personal der öffentlichen Einrichtungen von den Schergen dieser Ideologie unterwandert war. Das Abtauchen in die unverdächtigen Ideenwelten früherer Epochen diente hier ebenso als künstlerische Überlebensstrategie wie die radikale Skepsis gegenüber dem Publikum, Kolleg:innen und offiziellen Vertreter:innen des Verwaltungsestablishments – schließlich waren hier nach wie vor die Stützen und Erfüllungsgehilfen eines noch nie dagewesenen Massenmordes zugegen. Oder anders gesagt: Dass man sich Zwischenrufe aus den ethisch verwahrlosten Reihen unzureichend entnazifizierter Kultur-, Parteien- und Beamtenapparate verbat, war ebenso verständlich wie eine generelle Vorsicht gegenüber der beachtlichen Masse an ehemaligen NSDAP-Mitläufern in den Sitzreihen. Man kann hier von einem wehrhaften Tunnelblick im Sinne des humanistischen Wiederaufbaus sprechen, der als Provisorium Sinn ergab. Richtig problematisch wurde es erst, als sich das Provisorium zur Dauereinrichtung und seine Architekt:innen zu Rollenmodellen für die nächsten 60 Jahre einzementierten: Die hoch notwendige Katharsis pervertierte sich zur Hypothek für eine stetig veränder- und damit auch verbesserbare Zukunft des Kulturbetriebs. Denn der Tunnelblick grenzte ab einem gewissen Zeitpunkt nicht nur die Zurufe und Interventionen ausgrenzungswürdiger Antidemokraten, sondern auch ein Gros der Menschen mit demokratischem Kulturbedürfnis aus. Kultur als Elitenthema nahm auf diese Weise immer mehr Fahrt auf.

Die existenzielle Krise des Kulturbetriebs: ein Generationenkonflikt

Publikumsschwund, mangelnder politischer Rückhalt, Monotonie bei den Angeboten und den ausführenden Akteur:innen, Entfremdung gegenüber dem Publikum und seinem migrantischen Antlitz, toxische Machtstrukturen, intellektuelle Arroganz: Das sind nur einige Symptome, die den Kulturbetrieb der 2020er-Jahre prägen. Der daraus resultierende Bedeutungsschwund ist eine gesellschaftliche Retortenkrankheit, die die 68er-Generation maßgeblich miterschaffen hat, um sich jenem schmerzlichen Prozess der Erneuerung zu entziehen, den sie ihren Vorgängern mit aller Konsequenz zugemutet hat. Pointiert ausgedrückt: Nach der aufreibenden Revolution war Ausruhen angesagt. Damit es sich die ehemals Unbequemen in ihrer von Altnazis und Reaktionären befreiten Realität bequem machen konnten, mussten sie auch die »Erzählung« ihrer Errungenschaften etablieren. Ihr berechtigter Stolz über die angestoßenen Veränderungen wich einer ungesunden Überhöhung der eigenen Leistung. »Wir und nur wir haben das Land vom Mief der Vergangenheit befreit«, »Uns ist es zu verdanken, dass die Kultur- und Bildungseinrichtungen vom Geist des Totalitarismus befreit wurden«, »Eure künstlerische Freiheit ist das Resultat unseres Kampfes« und so weiter und so fort. Irgendwann war klar, dass sich die nachkommende Generation von den Leistungen der Alt-68er genauso beeindruckt zeigte wie die

68er-Generation von den Standpunkten der 1950er-Jahre: Die Glorifizierung erntete Spott und Hohn und erfuhr im oberflächlichen Yuppietum der 1980er einen ersten knallharten Schuss vor den Bug. In dieser Phase griff ein uraltes sozialpsychologisches Prinzip. Wenn die Selbsterhöhung nichts mehr nützt, hilft nur noch die Entwertung der anderen. Im Kulturbetrieb wurde dieses Prinzip bis zum Erbrechen zelebriert. Auf Theaterproben und Filmsets, in Orchestergräben und Intendant:innenbüros, in den Vorzimmern der Maestros und Direktor:innen – auf den Schlachtfeldern der Kultur regierte verbaler Mord- und Totschlag. Die gekränkte Generation der Alt-68er setzte alle Hebel in Bewegung, um die Bedeutung ihrer potenziellen Nachfolger- und Herausforder:innen kleinzuhalten. Sie institutionalisierte die eigenen Rollenbilder in allen gesellschaftlichen Bereichen und verpackte sie zum einen in unverhohlenen Autoritarismus und zum anderen in eine verlogene Hülle des Kümmerns und Gutmeinens. Fortan ging es darum, sich jenem Veränderungsdruck zu entziehen, den die Alt-68er ihrer Elterngeneration voller Inbrunst zugemutet hatte. Aus Sit-in-Profis wurden Profis fürs Aussitzen. Jeder noch so kleine Aspekt des kulturellen Miteinanders wurde in hierarchische Schemata gepresst, nur um das manipulative Vermitteln und Vorkauen, das Konservieren der eigenen Deutungshoheit über den selbstbestimmten Entdeckungs- und Entwicklungsdrang der nächsten Generation zu stellen. Dadurch hielten die Alt-68er die Innovator:innen, die Ausprobierer:innen, die Getriebenen, die Überzeugungstäter:innen der Kulturlandschaft systematisch von populären Wirkungsstätten fern.

Warum?

Weil Innovator:innen eine unkalkulierbare Form von Leidenschaft vermitteln. Ihr Erneuerungswille ist kaum kontrollierbar und basiert auf einem Weltbild, in dem das Brennen für das eigene Betätigungsfeld als Hauptmotor für Zukunftsentscheidungen dient. Jede:r weiß, dass ein ordentlicher Brand nur schwer einzudämmen ist. Deshalb fürchten die erschöpften Revoluzzer zuallererst eine lichterloh brennende Armada an jungen Wilden, die sich mit ihrem Charisma und ihrem Veränderungsdrang als Manager:innen und Kulturvermittler:innen engagieren und alte Helden in die Heldenrente schicken würden. Die Lösung der Alt-68er: In einem nie für möglich gehaltenen Gleichschritt mit erzkonservativen Kräften instrumentalisierten sie unsere Orte der Freiheit – Kulturstätten, Bildungsbetrieb, Parteiapparate. Aus unterschiedlichen Motiven, aber mit identen Zielen betrieben Alt-68er und Konservative eine antiinnovative Generalprävention. Die Ableger dieser fragwürdigen Entwicklung sind von Angst zersetzte Theater- und Orchesterbetriebe, verkrustete Förder- und Verwaltungsstrukturen, realitätsferne Kunsthochschulen, resignative Kulturpolitiker:innen, reaktionäre Orte der Bildenden Kunst und – am allerschlimmsten – eine ganze Generation an Kulturschaffenden, die in dieser Gemengelage sozialisiert wurde und die alten Muster reproduziert. Ein System, das als moralische Instanz erblühen könnte, erweist sich viel zu oft als Biotop für Verschwendung, Missbrauch und emotionale Gewalttätigkeit. Dass wir hier nicht von einem katastrophierenden Stimmungsbild sprechen, zeigen die Turbulenzen der letzten Jahre sehr deutlich.

Österreichische Kulturskandale der letzten 10 Jahre – eine Bilanz des Grauens

2011 wird Peter Noever, Direktor des Wiener *Museums für angewandte Kunst*, fristlos entlassen, weil er die repräsentativen Hallen des Hauses mehrfach und auf Kosten des Steuerzahlers zur privaten Geburtstagslocation für seine Mutter umfunktioniert hat. Der Rechnungshof prangert im Nachgang eine katastrophale Registratur sowie ausufernde und zudem feudal ausgestaltete Dienstreisen des Direktors an – all das im Gleichschritt mit einem massiven Besucher:innenschwund.

2014 wird Burgtheaterdirektor Matthias Hartmann seines Amtes enthoben, nachdem das Haus in einen beispiellosen Finanzskandal inklusive des Verdachts auf Urkunden-, Beweismittel- und Bilanzfälschung, Geldwäsche sowie Untreue und einem Verlust von rund 13 Millionen Euro gerutscht ist. Hartmann gerät 2018 nochmals in die Schlagzeilen, weil sich 60 Mitarbeiterinnen und Mitarbeiter, ermutigt durch die #MeToo-Bewegung, in einem offenen Brief zu den Arbeitsbedingungen unter ihm äußern. Auf diese Weise erfährt die Öffentlichkeit, dass der oberste Repräsentant des ehrwürdigen *Burgtheaters* Schauspielerinnen zur Vereinbarkeit von Oralverkehr, Spermaschlucken und kalorienbewusster Ernährung befragt und im Vorfeld von Premieren Toitoitoi-Klapse auf Hintern verteilt hat. Einen dunkelhäutigen Choreografen hat Hartmann als »Tanzneger« bezeichnet und den Theateralltag auch gerne mal mit homophoben Witzen garniert. Der Zeitpunkt des Briefes soll übrigens kein Zufall, sondern vielmehr ein Signal an den designierten Direktor Martin Kušej gewesen sein, dem man in Theaterkreisen ebenfalls recht rustikale Umgangsformen nachsagt.

2016 endet die Ära von *Belvedere*-Chefin Agnes Husslein zwar vertragskonform, aber ohne Chance auf die gewünschte Verlängerung, weil schwerwiegende Compliance-Vorwürfe, etwa der Einsatz von Mitarbeiter:innen für private Arbeiten, im Raum stehen. Husslein soll ihre Untergebenen zu sich nach Hause geschickt haben, um Druckerpatronen auszutauschen, den Abfluss zu reinigen oder Umbauarbeiten zu beaufsichtigen. Nur dank umfangreicher Schadensersatzzahlungen entgeht sie einer strafrechtlichen Verfolgung.

2018 legt der Dirigent und Intendant Gustav Kuhn erst nach massivem öffentlichen Druck seine Funktionen bei den *Tiroler Festspielen Erl* zurück, nachdem fünf Musikerinnen in einem offenen Brief sexuelle Übergriffe beklagt haben. Unterstützung gibt es von mehreren männlichen Kollegen, die Kuhn ebenfalls übergriffiges Verhalten und strukturelle Gewalt vorwerfen. Die

Gleichbehandlungskommission des österreichischen Bundeskanzleramts stellt im Nachgang mit schauderhafter Direktheit fest, dass es zweifelsfrei zu sexuellen Belästigungen gekommen sei.

2019 kommt durch Ermittlungen der Kinder- und Jugendanwaltschaft und Enthüllungen diverser Medien ans Tageslicht, dass in der Ballettakademie der *Wiener Staatsoper* Kinder systematisch gedrillt, gedemütigt und in einigen besonders schlimmen Fällen auch sexuell missbraucht wurden. Was viele zu diesem Zeitpunkt kaum glauben können: dass es sich nicht um ein Stück Vergangenheitsbewältigung – wie etwa beim Kinderheimskandal –, sondern um brandaktuelle Missstände handelt. Hauptschuldige soll eine einzelne Lehrerin gewesen sein. Staatsoperndirektor Dominique Meyer gibt an, »traurig und böse« zu sein. Das Urteil einer Sonderkommission Ende 2019 gleicht einer kulturpädagogischen Totalvernichtung. Der Vorwurf eines weitreichenden Führungs- und Kommunikationsversagens gehört noch zu den harmloseren Vorhaltungen. Die Kommission spricht von fehlendem Problembewusstsein in Bezug auf Kinderschutz und Kindeswohl und einer unzulänglichen medizinischen beziehungsweise therapeutischen Versorgung der Eleven, die ob des anhaltenden Terrors in Essstörungen und andere psychische Ausnahmezustände getrieben wurden.

2020 wendet sich der Schauspieler Manuel Bräuer über die Wiener Stadtzeitung *Falter* an die Öffentlichkeit. Er berichtet über den Theatermacher Paulus Manker, der sich seit mehreren Jahren notgedrungen in der freien Szene austobt – im institutionalisierten und ebenfalls nicht gerade zimperlichen Theaterbetrieb gilt er bereits als untragbar. In Bräuers Bericht geht es um Gebrüll, obszöne Beschimpfungen, Gesundheitsgefährdung, Ausbeutung, Übergriffe und Manipulation. Es sind Schilderungen, die hinter vorgehaltener Hand seit Jahren kursieren. Schilderungen, die zumindest in groben Zügen auch dem gutbürgerlichen Publikum von Mankers zweifelsohne imposantem Stationentheater bekannt sind. In Gesprächen darüber hört man immer dieselbe Leier: ein sadistischer Narzisst – aber ein Genie. Im Kulturbetrieb dürfen diese ohnehin zweifelhaften Dimensionen nebeneinander existieren.

Die beschriebenen Skandale sind nur die Leuchttürme des Systemversagens. Dazwischen liegen zahlreiche Aufwallungen, die als Branchen-Gossip, mediale Randnotizen oder Auseinandersetzungen in politischen Gremien aufploppen. Umso wichtiger ist eine Verdichtung und thematische Vernetzung. Denn nur so wird deutlich, dass wir es nicht nur mit unglücklichen Schlaglichtern, sondern mit einem tief verwurzelten Missstand zu tun haben.

Die daraus resultierenden Verwerfungen versauen seit mehr als fünf Jahrzehnten den kulturellen Entdecker:innengeist unserer Kinder und machen sie mit schablonenhaften Kulturkonzepten, scheinprogressiven Alibiaktionen und destruktiven Bewertungssystemen zu den Leidtragenden des kulturellen Stillstands. Über allem steht der unheilvolle Schlachtruf: »Haltet die Füße still.« Wer die Füße stillhält, kann auch nichts erneuern.

Mit dem Vertrauensverlust und dem Mangel an Integrität verspielt die Kultur zudem den Rückhalt für ihre verfassungsmäßig festgeschriebenen Rechte und Schutzzonen. Im Oktober 2021 beendeten schwerwiegende Vorwürfe wie Korruption und Untreue sowie mehrere Razzien die Bundeskanzler-Ära von ÖVP-Politiker Sebastian Kurz. Die Veröffentlichung von Chats innerhalb des Umfelds des Jungkanzlers zeichneten ein Sittenbild, das den Enthüllungen des Ibiza-Skandals um nichts nachstand und aufgrund des Themas Inseratenkorruption das Vertrauen in die »Vierte Gewalt«, nämlich die unabhängige Presse, erschütterte. Der Kulturbetrieb spielte in diesen Tagen des politischen Chaos keine Rolle – weder als moralische Instanz noch als kritische Stimme oder gar Diskursraum. Vereinzelt kamen Persönlichkeiten wie Burgtheaterdirektor Martin Kušej zu Wort. Als er in einem Interview mit der Tageszeitung *Der Standard* seiner Betroffenheit über die freigelegte »Wortwahl« und »Dreistigkeit« Ausdruck verlieh und konstatierte, dass »ein Baustein aus einem löchrigen Gebäude herausgefallen« sei, ein Gebäude, »welches heißt: Wertigkeit, Wahrheit, Information«, hätte man den Eindruck bekommen können, er rede über den Kulturbetrieb und nicht über die strauchelnde Politikerriege. Mit genau diesem Kulturbetrieb lässt sich kein Diskurs machen. Das verdeutlichte einmal mehr die kollektive Handlungsunfähigkeit der Institutionen bei Ausbruch des Ukraine-Krieges. Tagelang verschanzten sich die österreichischen Kulturtanker hinter blau-gelb bestrahlten Fassaden und wortreichen Social-Media-Verurteilungen. Ihre mächtigsten Waffen – die Bühnen, Veranstaltungsräume und Ausstellungsflächen der jeweiligen Häuser – blieben zunächst ungeladen: eine Form von Abrüstung, die unserem demokratischen Wertekanon teuer zu stehen kommt.

Keiner verlangt eine heroische Tat, wie sie etwa die künstlerische Leiterin des Moskauer Theaterzentrums *Vsevolod Meyerhold,* Elena Kovalskaya, vorgelebt hat. Sie kündigte unmittelbar nach Kriegsbeginn ihren Rücktritt an und verkündete: »Man kann nicht für einen Mörder arbeiten und von ihm bezahlt werden.« Man darf aber zumindest eine Reaktion wie jene der *Schaubühne Berlin* erwarten. Dort änderten die Verantwortlichen bereits einen Tag nach Beginn der russischen Invasion das Programm und luden für den darauf folgenden Sonntag zu einem prominent besetzten Diskussionsabend im Herzen des Theaters, nämlich auf der Bühne, ein.

Ein klarer Kulturbegriff für eine klare Zukunftsstrategie

Der Moment ist gekommen, sich einen neuen Kulturbegriff zuzulegen. Ein Kulturbegriff, der das Rad nicht neu erfindet, sondern seine Glaubwürdigkeit aus einem ganz pragmatischen Praxisbezug speist. Ein Kulturbegriff, der sich nicht ständig in Abstraktionen und philosophische Referenzsysteme flüchtet, um sich einer konkreten Verantwortung zu entziehen, sondern den Mut zu klaren Bekenntnissen aufbringt. Ein Kulturbegriff, der auch keinen Anspruch auf ein paralleles Wertesystem stellt, das losgelöst von den Werten einer humanistischen Gesellschaft existieren darf.

Wie wäre es, wenn wir uns auf folgendes einigen:

Kultur ist der Rahmen, in dem wir gesellschaftlich relevante Themen mit künstlerischen Mitteln verhandeln. Dabei bekennen wir uns dazu, dass die daraus resultierenden Inhalte für alle Teile der Bevölkerung verständlich sein sollten – egal ob durch den eigentlichen Inhalt oder die damit einhergehende Vermittlung oder eine Mischung aus beidem.

An diesen Kulturbegriff sind einige Klarstellungen gekoppelt, die im Angesicht der letzten 50 Jahre leider notwendig geworden sind.

Erstens: Im Kulturbetrieb finden wir natürlich große Vordenker:innen und charismatische Führungspersönlichkeiten. Der Kulturbetrieb steht damit aber in einer Reihe mit Wissenschaft, Sport, Politik, Wirtschaft und vielen anderen gesellschaftlichen Bereichen. Für alle gilt: Besondere Fähigkeiten sind keine Legitimation für schlechtes Benehmen, narzisstische Allüren oder strukturelle Gewalt. Dieses Missverständnis muss ein für alle Mal Geschichte sein.

Zweitens: Der Kulturbetrieb muss sich endlich wieder die existenzielle Frage nach dem Sinn des eigenen Handelns stellen. Jeder Tag, jedes Konzept, jede Produktion muss mit beschwerlichen Erkundungen beginnen: Warum tun wir das eigentlich? Welchen konkreten Sinn hat unser Wirken? Welche Menschen sollen von einem Angebot profitieren? Und: Können wir es uns weiterhin erlauben, die immer gleichen Inhalte neu verpackt zu reproduzieren oder müssen wir etwas Neues wagen?

Drittens: Der Kulturbetrieb steht nicht über den Prinzipien einer demokratisch geprägten Gesellschaft. Zu diesen Prinzipien zählen unter anderem das Mehrheitsprinzip, der Minderheitenschutz, die Akzeptanz von Opposition und der Schutz der Menschenrechte. Es ist also kein gütiges Zugeständnis der Kultureliten, wenn wir uns mit kulturellen Inhalten an die Mehrheitsgesellschaft wenden, und auch keine Geschmackssache, ob wir mit allen Mitteln um Diversität in den Kulturstätten kämpfen, und auch keine unverbindliche Handlungsempfehlung, dass in Kultureinrichtungen ein kollaborativer und respektvoller Führungsstil greifen soll – all das ist Pflichtprogramm im Kanon einer demokratischen Gesellschaft.

Viertens: Die Kultur genießt Sonderrechte. Diese sind aber ideeller Natur. Genauso wie sich ein:e Journalist:in auf das Redaktionsgeheimnis berufen kann, können sich Künstler:innen in Österreich seit 1982 auf Artikel 17a des Staatsgrundgesetzes und damit auf die Verfassung stützen: »Das künstlerische Schaffen, die Vermittlung von Kunst sowie deren Lehre sind frei.« Wer solche Sonderrechte aber für soziale Privilegien ausnutzen will, entfremdet den Kulturbetrieb von seiner Rolle als moralische Instanz. Apropos Verfassung: Im Herbst 2020 sorgte der Umstand, dass Gottesdienste trotz Covid-19 stattfinden durften, Kulturveranstaltungen aber nicht, für einige Fragezeichen. Michel Reimon, Vertreter der mitregierenden Grünen, erklärte damals das Vorgehen in einem *Facebook*-Post: »Religionsgemeinschaften wurden in der Geschichte schon grausam verfolgt, Mitglieder von Sportvereinen noch nicht so. Politische Kundgebungen wurden schon mit Gewalt unterdrückt, unpolitische Theatervorstellungen nicht. Daher schützt die Verfassung die Rechte von Religionsgemeinschaften und Kundgebungen besonders vor der Regierung, jene von Sportvereinen und Publikum nicht extra. Deshalb kann es zu verfassungsrechtlichen Problemen kommen, wenn man Gottesdienste und religiöse Zeremonien, Demonstrationen und Kundgebungen einschränkt. Gleich große oder sogar kleinere Menschenansammlungen im Sportverein oder Theater kann man dagegen verfassungskonform untersagen.«

Mir kam das unlogisch vor. Zum einen, weil es eben Artikel 17a des Staatsgrundgesetzes gibt, und zweitens, weil dieser Artikel auch nicht zwischen politischem und unpolitischem Theater unterscheidet, sondern das künstlerische Schaffen in seiner Gesamtheit schützt. Jenseits der juristischen Bewertung fand ich es auch bemerkenswert, die Kunst aus der Geschichte der grausamen Unterdrückungen auszuklammern. Das packte ich in einen Kommentar. Michel Reimon antwortete mit entwaffnender Ehrlichkeit, dass bei den Beratungen mit den Verfassungsexpert:innen derlei Argumente »keine Sekunde« eine Rolle gespielt hätten. Nun könnte man den Expert:innen vorwerfen, mit ihrer selektiven Auslegung der Verfassungsrechte kulturfeindlich zu agieren. Man könnte aber auch die Frage stellen, ob ihnen so eine Auslegung im Antlitz einer meinungsstarken Kulturlobby überhaupt in den Sinn gekommen wäre. Ich behaupte: Eine Kulturszene, die voll im Saft steht, wäre den Religionsgemeinschaften gleichgestellt gewesen.

Fünftens: Wir sind leider nicht mehr an dem Punkt, an dem wir bloß eine Kurskorrektur ins Auge fassen können. Wir sind an einem Punkt, an dem wir eine unverbrauchte Generation für einen grundständigen Systemwandel benötigen. Dafür müssen wir einen kulturellen Bildungsbegriff entwickeln, der künstlerischen Ausdruck nicht als »Nice-to-have«, sondern als elementare Entwicklungsaufgabe versteht. Nach Jahrzehnten, in denen kulturelle Angebote als Freifächer im Nachmittagsunterricht marginalisiert oder über verstaubte Texte im Deutschunterricht verramscht wurden, gilt es nun, Kultur als das wichtigste Querschnittthema neben der Digitalisierung zu begreifen. Dafür braucht es neue

Konzepte, neue Qualifizierungsmaßnahmen, neue Menschen an der Bildungsfront – eine Mammutaufgabe.

Kunst muss gar nichts: ein Missverständnis, das zum gefährlichen Selbstläufer wurde

Nach vielen Jahren im Kulturbetrieb erahne ich, dass die arrivierten Kulturakteur:innen vor allem eines an den bisherigen Ausführungen stören dürfte: die Behauptung, dass Kultur – und die in ihr aufgehende Kunst – Dinge tun »muss«. Die Kunst-muss-gar-nichts-Haltung ist nämlich eines der hartnäckigsten Dogmen, das einem auf allen Ebenen des Kulturschaffens begegnet. Künstler:innen und Programmmacher:innen zelebrieren dieses Dogma mit inbrünstigem Selbstbewusstsein und schüchtern damit jene ein, die als Kontrollinstanzen – etwa in Aufsichtsräten oder politischen Ausschüssen – eine Teilverantwortung tragen. Ich selbst hatte als für Kulturförderung zuständiger Abteilungsleiter in einer Stadtverwaltung immer wieder mit den unterschiedlichsten Ausformungen der Kunst-muss-gar-nichts-Haltung zu tun. Was alle einte, war die Annahme, dass ich mich mit meinen Fragen nach konkreten Zielen und einem greifbaren Nutzen für die Bürger:innen in die Reihe jener kleingeistigen Dilettanten einordne, die Kunst nur als Produkt in einer neoliberalen Verwertungslogik sehen. Der geforderte gesellschaftliche Vorteil wurde also mit einem geldwerten Vorteil gleichgesetzt – für mich eines der fatalsten und sinnlosesten Totschlagargumente der mitgliederstarken Kunst-muss-gar-nichts-Fraktion. Die damit verbundenen Diskussionen sind unauslöschlicher Teil meines Anekdotenschatzes. Einmal erklärte mir ein Theatermacher, ich habe Förderungen für seine Arbeit bedingungslos zu bewilligen, weil er vollkommen losgelöst von den tatsächlich entwickelten Stücken mit jeder Faser seiner Existenz und in jeder Sekunde seines Lebens Künstler sei und Kunst fabriziere – auch beim Frühstück, bei dem ihm die besten Gedanken einschießen würden. Wenn wir mit unserer Förderung also einfach nur das Fundament legen würden, damit die Gedanken beim Frühstück frei von Existenzängsten fluktuieren könnten, sei das die sinnvollste Investition. Ein andermal meldete sich ein Vertreter der freien Szene bei einer Podiumsdiskussion zu Wort, mit dem Ansinnen, wir sollten in einem Dialog mit der Politik gefälligst eine Steuerbefreiung für künstlerische Erwerbsarbeit erwirken. Steuern bezahlen zu müssen bedeute, künstlerisch unfrei zu sein, und außerdem sei das Wirken eines Künstlers jenseits jeglicher Bewertungslogik von so immenser Bedeutung, dass es einfach eine faire Geste der Mehrheitsgesellschaft wäre, auf ein Steueraufkommen aus der Künstlerschaft zu verzichten. Glücklicherweise saß an diesem Abend der Betriebsratsvorsitzende eines großen Industriekonzerns im Publikum, der ein bisschen über das Leben in der Schichtarbeit und die Arbeit seiner Gewerkschaftskolleg:innen in den sogenannten systemrelevanten Berufen erzählte. Damit entlarvte er diese abgehobene

L'art-pour-l'art-Attitüde jenseits jeglicher Zielvorgaben und Leistungszusagen als das, was sie ist: eine Verachtung des Publikums, der Steuerzahler:innen, der Kulturpolitik und ihrer Verwaltung, die für das Einfordern von Wirkung als Banausen abgestempelt werden. Der Kunst-muss-gar-nichts-Ansatz hat zu einem radikalen Verlust an Relevanz geführt: Wem alles egal ist außer das eigene künstlerische Ich, inspiriert, berührt und erregt nicht.

Das Erschreckende ist, dass das Kunst-muss-gar-nichts-Dogma auch von jenen propagiert wird, die an den Schalthebeln großer Kulturtanker sitzen. Im Jahr 2014 gab der Schauspieler und Kulturmanager Sven-Eric Bechtolf anlässlich seiner Bestellung zum Interimsleiter der *Salzburger Festspiele* ein denkwürdiges Interview im *Kurier*. Zum einen ließ er dort mit einer bezeichnenden Analyse zum Burgtheaterskandal aufhorchen: »Die Verfehlungen sind aus der Not und nicht andersherum entstanden.« Malversationen als verständliche Notwehr gegen Unterfinanzierung und strukturelle Probleme – eine Sichtweise, die im Kulturbetrieb weitverbreitet ist und medial auch nur halbherzig hinterfragt wird. Zum anderen umriss Bechtolf seine Spielart des Kunst-muss-gar-nichts-Dogmas: »Wir ›leisten‹ gar nichts! Wir stellen etwas zutiefst Unnützes her.« Im Lichte von knapp 13 Millionen Euro, die die öffentliche Hand im Geschäftsjahr 2015/16 in den Hochkulturreigen der *Salzburger Festspiele* gepumpt hat, ist diese Formulierung etwas unsensibel. Aufgrund des Umstands, dass die Millionen vorwiegend in ein Programm für eine zahlungskräftige Klientel fließen, könnte man auch von einem wohlstandsverwahrlosten Pseudo-Reluzzertum sprechen. Immerhin gibt Sven-Eric Bechtolfs Formulierung einen perfekten Anhaltspunkt für einen Gegenentwurf. Wir können Punkt für Punkt darlegen, warum Kunst zutiefst nützlich ist. Vorausgesetzt, wir verständigen uns darauf, dass Kultur kein selbstreferenzieller Elfenbeinturm in autarker Selbstverwaltung, sondern ein Leuchtturm für gesellschaftlichen Austausch ist.

Nutzen Nr. 1:
Authentische Debatten
Kultur kann die großen Stränge des öffentlichen Diskurses abseits vergifteter Konflikte und medialer Zuspitzung aufgreifen. Dass sie sich dabei ästhetischer Ausdrucksformen bedient, ist eine unbezahlbare Chance: Wir befassen uns so mit den Spannungsfeldern unseres Alltags weder über abgedroschene Politphrasen noch über das feindselige Hickhack am Stammtisch. Stattdessen sehen wir Stücke, lesen wir Texte, hören wir Musik, bestaunen wir Kunstwerke und werden en passant in eine authentische Auseinandersetzung mit der Welt gezogen.

Nutzen Nr. 2:
Ein erneuerbarer Themenkreislauf
Kultur stützt sich in Sparten wie der Musik oder der Darstellenden Kunst auf sogenannte »ephemere« Werke. Mit diesem Adjektiv aus dem Altgriechischen umschifft die Kulturwissenschaft eine Eigenschaft, die viele Künst-

ler:innen als Geringschätzung empfinden. »Ephemer« steht nämlich für »flüchtig« beziehungsweise »vergänglich«. Die Flüchtigkeit von Inhalten ist aber eine große Stärke: Sie ermöglicht, dass sich eine Kultursparte immer wieder neu erfinden und seine Inhalte dementsprechend neu ausrichten kann. Dem ephemeren Werk ist die Fähigkeit zur tagesaktuellen Relevanz strukturell eingeschrieben. Umso fragwürdiger ist die Praxis, stets die gleichen Stoffe in einer lähmenden Endlosschleife zu rezitieren und die Neuinterpretation als Zeitgeist zu verkaufen.

Nutzen Nr. 3:
Eine Bildungssäule, die Beziehung stiftet
Die deutsche *Bundeszentrale für politische Bildung* hat für kulturelle Bildung eine sehr treffende Umschreibung gefunden: »Kulturelle Bildung bezeichnet den Lern- und Auseinandersetzungsprozess des Menschen mit sich, seiner Umwelt und der Gesellschaft im Medium der Künste und ihrer Hervorbringungen.« Bildungsarbeit mit künstlerischen Inhalten ringt also nicht um alltägliche Anwendungsbeispiele, wie das etwa bei Mathematik oder Chemie der Fall ist. Sie lässt sich intuitiv und lebensnah im kollektiven Denken verankern. Kulturelle Bildungsangebote, die funktionieren, sind ein Sinnbild für Beziehungen, die funktionieren: Es geht um mich und um mein Gegenüber – und darum, wie wir gemeinsam an einer großen Idee namens Gesellschaft teilhaben.

Nutzen Nr. 4:
Integration als leichtfüßiger Nebeneffekt
Beim Thema Integration haben die Rechtspopulisten ganze Arbeit geleistet: Sie haben die dazugehörigen Diskurse vergiftet, die Gesellschaft gespalten und den Integrationsbegriff mit einer Migrationsdebatte verknüpft, die eher an eine generalisierte Angststörung als an eine politische Position erinnert. Dabei beschreibt Integration schlicht und ergreifend einen Prozess des Zusammenwachsens. Kultur hat die Möglichkeit, integrative Gemeinschaftserlebnisse zu schaffen – Ereignisse, bei denen man sich nicht zusammenrauft, sondern bei denen man zusammenwächst. Im Idealfall funktionieren solche Ereignisse wie eine Hans-Joachim-Kulenkampff-Quizshow in den 1960ern: Alle können sie sehen, alle haben sie gesehen, alle reden darüber. Die kulturelle Realität sieht eher so aus, dass eine kulturelle Elite bar jeglicher Diversität in ihrer Blase über Integration sinniert und daraus eine moralische Überlegenheit ableitet – eine dramatische Themenverfehlung.

Nutzen Nr. 5:
Revolution im Mantel der Tradition
Während die Digitalisierung wahrscheinlich noch 20 bis 30 Jahre vor sich hat, in denen sie von Veränderungsskeptiker:innen als neumodischer Mist gebrandmarkt wird, bleibt der Kultur ein Kampf an dieser Front erspart. Kunst als Kulturtechnik ist bereits in der Altsteinzeit nachgewiesen. Sie prägte unsere Zivilisation

von Altertum bis Postmoderne. Sie ist untrennbar mit Aufklärung, Revolution und Demokratie verbunden. Sie kann nicht einfach marginalisiert und kleingeredet werden, weil die historischen Bezüge zu schwer wiegen. Aus dieser strukturellen Sicherheit heraus sollten wir Mut schöpfen: Wir müssen kein stabiles Fundament bauen – wir müssen es bloß für unsere humanistischen Ziele nutzen. Oder etwas plakativer: Dank der Kunst müssen wir die Werkzeuge der kulturellen Revolution nicht neu erfinden – wir müssen sie bloß endlich wieder nutzen.

Nutzen Nr. 6:
Der Erregungsfaktor
Machen wir uns nichts vor: Erregung ist eine enorm effiziente, aber auch eine enorm dreckige Währung im Kampf um öffentliche Wahrnehmung. Die Kommunikationswissenschaft wird diesem Phänomen insofern gerecht, als dass sie die Erregung unter dem Begriff »Sensationalismus« zu einem sogenannten »Nachrichtenwert« – also zu einem maßgeblichen Kriterium, ob ein Thema journalistisch Beachtung findet oder nicht – erhoben hat. In der Praxis hüpfen uns Massenmedien und Politikbetrieb vor, wie sie solche theoretischen Festlegungen mit Leben füllen: Sie setzen auf Konflikte, Katastrophen, Verwerfungen, Verbrechen. Sie zielen nicht auf die Ratio, sondern auf Empfindungen ab. Sie sind eine gigantische Erregungsmaschine. Sobald mein Sohn flüssig lesen konnte, begann er sofort, sich für Zeitungen zu interessieren. Aufgrund der vielen Fahrten mit

öffentlichen Verkehrsmitteln stachen ihm besonders Gratisblätter wie *Heute* oder *Österreich* ins Auge. Immer, wenn er einen neuen Titel an einem Kiosk entdeckte, stellte er mir unter dem Eindruck der U-Bahn-Zeitungen folgende Frage: »Verbreiten die auch Angst und Schrecken?« Es braucht also kein Hochschulstudium, um den Faktor Erregung in unserem Alltag zu identifizieren. Die Kultur ist aber eine der wenigen Instanzen, die das Prinzip Erregung in etwas wirklich Positives ummünzen kann. Aus ihren Erregungsformaten entsteht aufrüttelnde Konfrontation. Man denke nur an das Stück »Heldenplatz« von Thomas Bernhard, an Christoph Schlingensiefs Installation »Ausländer raus!« bei den *Wiener Festwochen* oder sämtliche Performances von Marina Abramović. Kultur betreibt eine soziale Form von Photosynthese: Aus einem toxischen Material wird eine Lebensgrundlage. Fehlt nur noch, dass sie diese Fähigkeit wiederentdeckt und das Feld der Erregung nicht mehr dem Meinungstrash überlässt.

Nutzen Nr. 7:
Nichts ist in Stein gemeißelt
Die Kultur zelebriert auf wunderbare Art und Weise das Prinzip »Try and Error«. Jeder Abend, jedes Bild, jeder Text und jeder Inhalt ist eine neue Arbeitshypothese, die auf Untermauerung, Widerlegung oder ergänzende Positionen wartet. Mit dieser geordneten Form von diskursivem Chaos schafft Kultur einen geschützten Raum für Meinungsbildung abseits billiger Polemik. Sie füllt

die Lücke zwischen Wissenschaft und Alltag, schafft den Spagat zwischen Zeitgeist und Zeitlosigkeit, bietet Lebensentwürfe auf Probe.

Sieben Gründe also, warum Kultur zutiefst nützlich ist. Jeder dieser Gründe birgt das Potenzial, dass die Liste des kulturellen Nutzens immerzu fortgeschrieben werden kann. Auch das ist Kultur: undogmatisch und deshalb stets erweiterbar.

Apropos undogmatisch: Wir dürfen davon ausgehen, dass es Sven-Eric Bechtolf mit seinem Statement gut gemeint hat. Wahrscheinlich wollte er der Kunst den Rücken freihalten, sie vor überbordenden Erwartungen und einer kapitalistischen Verwertungslogik schützen. Gerade deshalb müssen wir aber vielleicht das Bewusstsein dafür schärfen, dass die Leiter:innen von großen Kulturinstitutionen nicht im luftleeren Raum sprechen, sondern symbolische Politik betreiben. Dass es hier ein mangelndes Bewusstsein gibt, steht sinnbildlich für die Krise, in die sich Kulturpolitik manövriert hat.

Kultur ohne Ideologie. Oder: der Untergang kulturpolitischer Visionen

Genauso, wie sich kulturelle Angebote nicht von der Gesamtheit gesellschaftlicher Angebote abgrenzen lassen, lässt sich auch Kulturpolitik nicht von den gesamtpolitischen Entwicklungen abkoppeln. Unsere kulturpolitischen Probleme haben eine lange Vorgeschichte, die eine allgemeine Betrachtung der politischen Stimmungslage notwendig macht. Dazu lohnt sich als Warm-up eine Wahlkampfrecherche bei den großen Volksparteien in Österreich, also bei Sozialdemokraten und Christlich-Sozialen. Immerhin haben diese beiden Lager die politische Landschaft nach dem Zweiten Weltkrieg maßgeblich mitgeprägt und in den ersten Jahrzehnten der Nachkriegszeit über charismatische Chefideologen wie Josef Klaus und Bruno Kreisky solche massiven Prozentpolster aufgebaut, dass sie noch heute davon zehren und als Seniorpartner in kleinen Koalitionen oder als Großkoalitionäre die Geschicke Österreichs lenken. Dieses Überwasserhalten kann nicht darüber hinwegtäuschen, dass das Wähler:innenpotenzial der traditionellen Großparteien erodiert – oder etwas unschöner ausgedrückt: wegstirbt. Übrig bleiben Verluste, die Wähler:innenströme hin zu populistischen Parteien aus dem rechtsextremen Lager offenbaren. Daran ändert auch das temporäre Aufbäumen von politischen »Talenten« in den arrivierten Parteien nichts, die den Niedergang durch punktuelle Wahlerfolge unterbrechen. Eine kurze Wahlkampfposterrecherche, zu der jeder halbwegs vernunftbegabte Mensch der »Generation« Google« fähig ist, bringt folgende Zukunftsvisionen:

»Klarheit schaffen«, »Damit du bekommst, was dir zusteht«, »Tun, was richtig ist«, »Veränderung mit Verantwortung«, »Mit sicherer Hand für Österreich«, »Gemeinsam für Österreich«, »Die neue Wahl«, »Wohlstand muss gerecht verteilt werden«, »Im Interesse Österreichs« und so weiter.

Was sagt uns diese Aneinanderreihung von Nullbotschaften, die Parteizentralen allen Ernstes als politische Positionierung verkaufen und dafür auch Wahlkampfförderung abgreifen? Sie sagt uns folgendes:

Die politischen Protagonist:innen brennen nicht mehr für politische Botschaften, die einer Ideologie entspringen. Sie haben keine Ideale, keine Träume, keinen Mut. Sie sind leer, kalt, orientierungslos. Sie wollen nicht einzigartig sein. Sie vertreten das unmögliche Versprechen »Alles für jeden«, weil sie den politischen Apparat nicht mehr als Rahmen für Weltverbesserung gemäß einer bestimmten politischen Gesinnung verstehen. Im besten Fall wurde der Wille zur Ideologie durch den Willen zur Verwaltung ersetzt. Daraus sind die lähmenden Mühlen des öffentlichen Apparates hervorgegangen, in denen Sachbearbeiter:innen das Telefon zehnmal klingeln lassen, bevor sie abheben – »Sonst denken die Leute, wir hätten nix zu tun«. Diese Leute brennen für gar nichts und schon gar nicht für die – Orientierung suchenden – Bürger:innen, die sie eigentlich umsorgen sollten. Wir dürfen mit diesen Systemerhalter:innen aber nicht zu hart ins Gericht gehen: Sie sind das Produkt jener politischen Köpfe, die sie ideologiebefreit durch die Gezeiten lenken.

Im schlimmsten Fall ist das Feuer der Ideologie dem Feuer der Macht gewichen. Ein paar Funktionär:innen, die es sich im Schoß ihrer Gesinnungsgemeinschaft bequem gemacht haben, kämpfen um ihr Ego und ihre Altersvorsorge, die sich wesentlich besser gestalten lässt, wenn es sogenannte »Regierungsverantwortung« und damit Zugriff auf einen Arbeitsplätzepool im öffentlichen beziehungsweise im staatsnahen Bereich gibt.

Das führt mich zu folgender Behauptung: Die oft beklagte Entpolitisierung der Jugend, die sich in geringer Wahlbeteiligung, rudimentärer politischer Bildung und Rückgang des politischen Engagements widerspiegelt, ist in Wahrheit eine Entideologisierung der Jugend. Die Entideologisierung bringt die Unfähigkeit mit sich, in irgendeiner Weise für Belange des Gemeinwohls, und dazu zählt auch Kultur, zu brennen.

Die Jugend brennt nicht für den Generationenvertrag, der das solidarische Zusammenspiel zwischen Alt und Jung regelt.

Sie brennt nicht für den Humanismus, der uns Kultur, Bildung, Freiheit, Gerechtigkeit beschert hat.

Sie brennt nicht für fundamentale Grundrechte – ihr Recht auf freie Meinungsäußerung, ihr Recht auf sinnstiftende Bildungsangebote, ihr Recht auf Chancen am Arbeitsmarkt.

Sie brennt nicht für ihr Recht auf kulturelle Teilhabe und auf kulturelle Bildung im Schulsystem, obwohl das Thema Kultur in der Verfassung verankert ist.

Sie brennt nicht für ihr Recht, sich in Austausch mit anderen Kulturkreisen zu begeben, und sie brennt schon gar nicht für ihr Recht, in politische Meinungsbildungsprozesse eingebunden zu werden und dafür die nötigen Grundvoraussetzungen mit auf den Weg zu bekommen.

Dass sie für all das nicht brennt, ist jenen Karrierist:innen zu verdanken, die Politik zu einer selbstreferenziellen Heißlufthülle umgedeutet haben. Eine Hülle, die ihnen Zuflucht vor den harten Herausforderungen des gesellschaftlichen Zusammenlebens, etwa dem freien Arbeitsmarkt oder dem zivilgesellschaftlichen Engagement in Ehrenämtern, bietet.

Zusammenfassend kann man sagen: Wir haben eine dramatische Ideologiekrise. Diese Ideologiekrise hat sich von der Politik in die Kulturszene übertragen. Es regieren Schlagworte, Lippenbekenntnisse und eine Verliebtheit in berufliche Lifestyle-Konzepte. Es ist schick, in der Kultur zu arbeiten, wegen der Künstler:innen, der Eröffnungen, Vernissagen und Premieren, der Gästelisten und der originellen Klamotten, die hoffentlich auf die Außenwahrnehmung der Trägerin, des Trägers abfärben. Vielfach fehlt aber der idealistische Antrieb. Politik und Kultur schaukeln sich in ihrer Ideologielosigkeit auf. Weil die Kulturmanager:innen und Künstler:innen die Legislative und deren Wählerschaft ratlos hinterlassen, reagieren diese weitgehend ratlos mit weltfremden Programmen und Ansprüchen. Weil die Kulturmanager:innen und Künstler:innen nicht mehr als gnadenlos-kritische Beobachter:innen des gesellschaftlichen Alltags fungieren, hat die Politik die Angst vor ihnen verloren und straft das Segment mit der schlimmsten aller möglichen Politstrategien ab: mit totaler Ignoranz. Das erkennt man zum Beispiel daran, dass das Amt des »kulturpolitischen Sprechers« innerhalb der Fraktionen eher Strafversetzung als Vertrauensbeweis ist. Expert:innen direkt aus dem Kulturbetrieb oder zumindest Fraktionsmitglieder mit klarer kulturpolitischer Handschrift in ihrer bisherigen Vita? Fehlanzeige! Die frisch Bestellten versuchen ihre Qualifikation dann meist mit dem Umstand zu untermauern, dass sie »gerne und häufig Kulturveranstaltungen besuchen«. Solche halbgaren Herleitungen reichen im schlimmsten Fall sogar für einen Platz in der Bundesregierung. Im Januar 2020 fragte die *Kleine Zeitung* die frisch bestellte Staatssekretärin für Kunst und Kultur, Ulrike Lunacek, nach ihrer kulturellen Prägung. Die zweifelsfrei integre Europapolitikerin antwortete mit einer deprimierenden Offenherzigkeit: »Ich bin mit klassischer Musik aufgewachsen, mein Vater war Sängerknabe, die Eltern haben uns viel in die Oper mitgenommen. Später habe ich selbst Tanz gemacht, vor allem Kontaktimprovisation.« Und: »Überhaupt freue ich mich sehr darauf, künftig mehr Konzerte, Theater, Ausstellungen zu besuchen.« Mit diesen fachlichen Grundvoraussetzungen übernahm Lunacek ein Bundeskulturbudget von rund 460 Millionen Euro – ein schwerer Rückschlag in der kulturpolitischen Personalpolitik. Ehrlicherweise muss man sagen, dass dieser Fehler zügig eingesehen wurde: Nach Ulrike Lunaceks unvermeidlichem Rückzug kam die ehemalige Leiterin der Sektion Kunst und Kultur im Bundeskanzleramt, Andrea Mayer, zum Zug. Ihre unbestreitbare Expertise und ihr ganzheitlicher Blick auf die Kulturszene führten zu einem Verhandlungserfolg für das Kulturbudget 2022, das gegenüber dem Vorjahr um rund 60 Millionen stieg. Ihre Chancen stehen gut, dass sie schon bald in einer Reihe mit kulturpolitischen Kapazundern wie dem ehemaligen Wiener Kulturstadtrat Peter Marboe, dem früheren Kulturminister Rudolf Scholten oder Wiens allererstem Nachkriegskulturstadtrat Viktor Matejka steht. Matejka ist übrigens auch ein Beispiel dafür, wie Kulturpolitik symbolische Politik für das gesamte gesellschaftliche Spektrum betreiben kann: Er war es, der verstärkt die Idee von Volksbildung mit dem Thema Kultur verknüpfte und Wien damit ein eigenständiges kulturpolitisches Profil verpasste. Und er war es auch, der in seiner offiziellen Funktion die Einladung an die Vertriebenen der Nazi-Diktatur aussprach, trotz der unverzeihlichen Verbrechen des Dritten Reichs nach Österreich zurückzukehren. Diese Einladung ist nicht nur ein Sinnbild für Anstand – sie ist auch Sinnbild für kulturpolitischen Weitblick. In der Gesamtheit der Exil-Überlebenden befanden sich auch Vertreter:innen jener kritischen Kulturelite, die später für den humanistischen Wiederaufbau Wiens mitverantwortlich zeichneten.

Gerade im Reigen der harten Kritik müssen diese historischen Beispiele aus dem österreichischen Kulturbetrieb genannt werden, um positive Rollenmodelle für die alles entscheidende Frage zu etablieren: Wie gehen wir in Zukunft vor? Wie machen wir Ausnahmen wie die Personalie Andrea Mayer zur Regel? Wie stellen wir sicher, dass Entscheider:innen für eine Entpolitisierung und insbesondere für Teilhabegerechtigkeit und eine Diskursoffensive im Kulturbetrieb eintreten?

Publicity-Killer Kultur: eine politische Fehleinschätzung

Wenn ich mit Vertreter:innen des österreichischen Politikbetriebs oder politiknaher Bereiche über das Stiefkind Kultur spreche, höre ich in unterschiedlichen Schattierungen die immer gleiche Analyse: »Mit Kultur gewinnt man keine Wahlen.« Diese Festlegung wird mit der Selbstverständlichkeit eines unabwendbaren und jahrtausendealten Schicksals vorgetragen. Ich frage dann immer, aus welchem Erfahrungswert sich diese Aussage ableitet. Die immer gleiche Antwort lautet: »Kultur ist halt ein Nischenthema.« Dass das Nischendasein Resultat einer fatalen Fehlentwicklung und nicht Teil einer mysteriösen Das-Thema-ist-allen-wurscht-DNA ist, auf diese Interpretation wollen sich die wenigsten einlassen. Man ist fast geneigt, den Politiker Bruno Kreisky zu zitieren, der einst zu einem Reporter meinte: »Lernen S' a bisserl Geschichte.« Das Geschichtsstudium zeigt nämlich, wie eng Kunst und Kultur mit dem Kampf um Demokratie und reformistische Strömungen innerhalb der Demokratie verbunden sind. Es zeigt, dass gerade unterprivilegierte Schichten

Selbstbewusstsein daraus ziehen, wenn sie an kulturellen Angeboten teilhaben, und diejenigen belohnen, die ihnen dieses Selbstbewusstsein eingeimpft haben. Bestes Beispiel dafür ist das Wiener *Volkstheater*, das als gewerkschaftlich geprägtes Projekt immer den kulturellen Diskurs der Arbeiter:innen und Angestellten im Blick hatte und mit dieser Haltung zur Stütze des gesellschaftskritischen Theaters in Wien wurde. Just am Beispiel *Volkstheater* lässt sich auch illustrieren, was die Ignoranz gegenüber solcher Wirkmechanismen anrichtet: Seit ein paar Jahren verkommt das Haus zu einer Intendant:innenspielwiese, die unter dem Deckmantel einer ästhetischen »Handschrift« die soziokulturelle Bedeutung der Institution in der Wiener Gesellschaft ignoriert und damit einen noch nie dagewesenen Niedergang in punkto Relevanz und Publikumsinteresse eingeleitet hat.

Ein kultursensibles Geschichtsstudium würde zudem zeigen, dass Künstler:innen stets zentrales Feindbild in totalitären Systemen waren. Ihre Rolle am Pranger zweifelhafter politischer Strömungen reicht in Österreich sogar bis in die 1990er-Jahre. 1995 plakatierte die FPÖ im Wien-Wahlkampf: »Lieben Sie Scholten, Jelinek, Häupl, Peymann, Pasterk[1] ... oder Kunst und Kultur?« Sie zettelte diesen denunzierenden Kulturkampf gegen liberale Künstler:innen, Kulturmanager:innen und Kulturpolitiker:innen deshalb an, weil man mit Kultur eben doch Wahlen gewinnt. Die FPÖ

---

1 Ursula Pasterk, damalige amtsführende Stadträtin für Kultur in Wien

zeichnet sich hier durch ein Bewusstsein aus, das uns heute sowohl bei Politik im Sinne einer liberalen Demokratie als auch im Kulturbetrieb fehlt. Und sie sieht in der aktuellen Kulturszene offenbar kaum personifizierte Gegengewichte, weil sie andernfalls nicht davor zurückschrecken würde, genau diese Personen als Feindbilder aufzubauen. Doch nicht einmal das Fehlen von rechten »Antihelden« kann eine Partei wie die FPÖ davon abhalten, sich an der Kultur abzuarbeiten und die dadurch entstehenden Wähler:innenpotenziale abzuschöpfen. In Ermangelung eines greifbaren Feindbildes hat sie sich auf eine Metaebene zurückgezogen und zettelt im multimedialen Chaos der Social Networks einen Shitstorm nach dem anderen an, der sich weniger gegen Personen an sich, sondern vielmehr gegen die Gesamtheit »der Linken« – oder noch schlimmer: »Linkslinken« – als Sinnbild für Kultur, Aufklärung und Liberalismus richtet. Die politische Zuordnung dieser ominösen Gruppe zum linken Spektrum hat rein gar nichts mit ihrer tatsächlichen Gesinnung zu tun. Indem sie unter diesem Label als ultimativer Gegenpol dargestellt wird, können sich die Absender elegant positionieren, ohne auszusprechen, was sie wirklich sind: Rechtsrechte. Nur »rechts« können sie deshalb nicht sein, weil dieses Attribut wiederum durch die FPÖ der 1990er belegt ist. Die goss ihre Gesinnung, die sie 1995 zum Lieben-Sie-Scholten-Jelinek-Peymann-Wahlkampf inspirierte, anno 1993 in das sogenannte »Ausländervolksbegehren«. Einst ungehörige Forderungen aus »Österreich zuerst«, so der offizielle Titel der FPÖ-Initiative, sind heute breiter Konsens der politischen »Mitte«. Auf diese Weise ist eine radikalisierte FPÖ auf den rechten Platz neben der rechten Mitte übersiedelt. Die Rechten und Rechtsrechten haben also Erfahrung darin, ihre Kämpfe so zu führen, dass sie tektonische Verschiebungen in der politischen Landschaft herbeiführen. Die Verschiebung verankert sich anschließend als neue Normalität einer bestenfalls »wertkonservativen« Mitte. Diese Fähigkeit zur Manipulation des kollektiven Bewusstseins ist gerade beim Thema Kultur von Bedeutung. Der Kulturkampf der Rechten wird heute weniger mit personifizierten Feindbildern, dafür umso offensiver mit Fake News, Shitstorms und unlauteren Diskurseroberungen durch Trolle und Scheinexpert:innen geführt. Die Säulen des rechten Kulturkampfes tarnen sich als »bürgerliche« Bewegung, die über die Tore des arrivierten Kultur- und Medienbetriebs einfällt und im Inneren ihr zynisches Unwesen treibt. Wir erkennen es an der mühsam eingeführten Identitätsdebatte im Kulturbetrieb, die der alles entscheidenden Frage nachgeht, wer für wen sprechen darf und wie wir eine gerechte Form von gesellschaftlicher Repräsentation hinbekommen. Der diesbezügliche Diskurs verlangt uns alles ab. Auf sinnvolle Reformen folgen gut gemeinte, aber mitunter bizarr anmutende Symbolmaßnahmen, die an der Akzeptanz der Beteiligten scheitern. Die Diskussion um Gendersternchen und Co. ist Sinnbild dafür: Wir wissen, dass wir auch die geschriebene Sprache weiterentwickeln müssen, weil es sich hier um langwährende Kulturgüter handelt, die Stereotype und problematische gesellschaftliche Hierarchien auf Jahrzehnte verstetigen. Dabei lassen wir immer wieder neue Testballons wie das Binnen-I, den Unterstrich zwischen männlicher und weiblicher Form oder die generelle weibliche Schreibweise steigen. Die Reaktionen fallen meistens kontrovers aus. Die Rechten ziehen dieses gleichermaßen natürliche wie mühsame Ringen – dieses wichtige Abtasten, Verhandeln und mitunter auch Scheitern – ins Lächerliche. Sie diffamieren es als intellektuelle Selbstbefriedigung der »politisch Korrekten« und schreien »Cancel Culture«, wenn das Diktat ihres rückwärtsgewandten Kulturbegriffs keine Gültigkeit mehr besitzt. Begriffe wie »Gender-Gerechtigkeit« oder »LGBTQ-Rechte« werden auf dem Marktplatz der sozialen Medien oder auf realen Marktplätzen bei Pegida-, Querdenker- oder Identitären-Aufmärschen als Spleen einer linkslinken Elite verhöhnt. Die Tonalität ist dabei phasenweise so brutal und unversöhnlich, dass man sich nach den Wahlplakaten der 1990er-FPÖ zurücksehnt. Das Publikum sind keine glatzköpfigen Neonazis, sondern Menschen, die man oft genug auch dem bürgerlichen Milieu zugeordnet hätte – also Menschen, die ihre politische Sozialisation früher noch in einem viel höheren Maß in Kulturstätten vollzogen haben.

Aber warum halten die Rechtsrechten an ihrem Kulturkampf fest? Warum entwickeln sie in diesem

Kulturkampf immer neue Stilmittel? Und warum machen sie Kultur, anders als die Verfechter:innen einer liberalen Demokratie, zu so einer tragenden Säule ihrer Ideologie? Ganz einfach: Weil man mit Kultur sehr wohl Wahlen gewinnt. Um zu erklären, welche Rolle Kultureinrichtungen in dieser Gemengelage zu spielen haben, möchte ich ein Zitat von Claus Peymann aus dem Jahr 1988 heranziehen: »Sie können mich ja für blöde halten. Aber ich glaube an das Theater als moralische Anstalt. Ich glaube an die Erziehbarkeit des Menschen durch Kunst, weil sich Kunst, wenn sie gut ist, mit dem Auffinden der Wahrheit beschäftigt, und zwar auf durchaus vergnügliche Weise. Das Theater ist dazu da, Feste hervorzubringen, damit das Gute, Wahre und Schöne gefeiert werde.«

Rechte Ideologie und ihre kulturellen Mitstreiter: ein schauriges Rollenmodell

In dem frustrierenden Szenario der Entideologisierung zeigen uns just die Rechtsextremen, was Ideologie ausmacht. Sie haben eine Gesinnung, eine stramme Stoßrichtung. Und weil sie die haben, sind sie fähig, ihre Haltung in klare Ansagen zu packen. Sie haben nicht die besseren Werbeagenturen, sondern sie haben im Gegensatz zu den ermatteten Vertreter:innen der Mitte ein klares politisches Briefing, das auf dem Fundament einer machthungrigen Ideologie aufbauen kann.

Paradebeispiel ist eben die FPÖ.

»Liebe deine Nächsten. Für mich sind das unsere Österreicher«, »Heimatliebe statt Marokkaner-Diebe«, »Mehr Mut für unser Wiener Blut«, »Abendland in Christenhand«, »Deutsch statt nix verstehen«, »Daham statt Islam«, »Pummerin statt Muezzin«.

Während die kaum zuordenbaren Botschaften der großen Volksparteien längst aus dem Gedächtnis gelöscht sind, muss der:die Durchschnittsösterreicher:in für die prägnanten Sprüche der Freiheitlichen nicht mal den Browser für eine Google-Suche öffnen. Sie sind Teil des kollektiven Gedächtnisses, und jede:r weiß – im Gegensatz zu den Politikfürbitten staatstragender Parteien –, wofür sie stehen. Das, wofür sie stehen, macht in Krisenzeiten – also in Zeiten eines erhöhten Solidaritätsbedarfs – Angst. Stellen wir uns nun einen jungen Menschen vor, der ob der Versäumnisse des Bildungssystems wie ein weißes Blatt, ohne Kenntnis von sprachlichen Codes oder Sensibilität für gefährliche Tendenzen, durchs Leben geht und darauf wartet, endlich beschrieben zu werden. Dieser junge Mensch trifft auf eine Vielzahl an Botschaften, von denen nur jene der Rechten eine klare Linie vorgeben. Gepaart mit einer Sehnsucht nach Identität, allerlei Benachteiligungserfahrungen und der diffusen Angst, das Wenige, das man noch hat, zu verlieren, haben wir den Nährboden, auf dem ein ordentlicher Rechtsruck gedeiht. Dieser Rechtsruck hat selbstverständlich auch eine ganz konkrete kulturelle Flanke. Er blüht in heimatverliebten Andreas-Gabalier-Schlagern auf und radikalisiert sich in Blut-und-Boden-Rock, wie ihn zum Beispiel die Südtiroler Band *Freiwild* zelebriert hat. Beides ist nicht Nischenprogramm, sondern füllt Stadien und führt Charts an. Der Rechtsruck intellektualisiert sich in Medienhäusern wie dem *Kopp Verlag*, der rechte Leitthemen und Verschwörungstheorien in die *Spiegel*-Bestsellerliste katapultiert und ein publizistisches Klima mitherschuf, in dem sich identitäre und rechtsextreme Verlage im Rahmen der »Meinungsfreiheit« auf der *Frankfurter Buchmesse* präsentieren können. Er ermöglicht es Autoren wie Thilo Sarrazin (»Deutschland schafft sich ab«, »Feindliche Übernahme«, »Der neue Tugendterror«) und Akif Pirinçci (»Deutschland von Sinnen. Der irre Kult um Frauen, Homosexuelle und Zuwanderer«), sich als Helden eines Establishments abseits der Political Correctness zu stilisieren. Er konserviert kulturelle Spielräume für in paranoiden Antisemitismus abgerutschte Popstars wie Xavier Naidoo, die weiterhin auf großen Bühnen vor Tausenden Menschen auftreten können.

Vielleicht hat der Paarlauf von politischem und kulturellem Rechtsruck zur Folge, dass die Kultur wieder in die Familie der gestaltungswürdigen Politikfelder aufgenommen wird. Und vielleicht findet auch eine Neubewertung des Themas »Populismus« statt. Nämlich dahingehend, dass eine kulturwissenschaftliche Definition die Oberhand gewinnt und wir Populismus als Strömung sehen, die Alltagsthemen schnörkellos verhandelt. Der Journalist Klaus Brill schrieb dazu in der *Süddeutschen Zeitung*: »Eigentlich war der Populismus einmal eine literarische Strömung, begründet in Frankreich und Russland mit dem Ziel, das einfache Volk ohne Verkitschung und Verzerrung darzustellen.«

Populismus wäre demzufolge nichts Böses. Populismus wäre bloß ein Instrument, mit dem gute Strateg:innen relevante Botschaften so verpacken, dass sie auch ankommen. Aber: Auch so ein Populismus funktioniert NUR mit ebendiesen relevanten Botschaften. Wenn die Rechten also Erfolge feiern, dann nicht, weil sie »Populisten« sind, sondern weil sie Grundvoraussetzungen erfüllen, um sich den Populismus zunutze zu machen: Sie haben die relevanten Botschaften und sie haben die Ideologie, die sie ermächtigt, für diese Botschaften zu brennen.

Höchste Zeit also, dass Politik und Kulturbetrieb in einem Akt der humanistischen Solidarität den Populismus für sich entdecken und kapieren, dass der Populismus als eineiiger Zwilling der Ideologie auch zum Repertoire einer liberalen Demokratie und ihrer Verfechter:innen gehören muss, um endlich die Kurve zu kratzen. Im Zuge dessen könnten beide Systeme auch den seltsamen Kniefall vor den »Ängsten der Menschen« – oder noch befremdlicher: den »Ängsten des kleinen Mannes« – beenden. Was für eine Erleichterung, nicht mehr verständnisvoll nicken zu müssen, wenn ein »besorgter Bürger« auf der Straße erzählt, er könne sich kein Futter für den Hund leisten, weil die monatliche Unterstützung für Asylwerber genauso hoch sei wie die Pension eines durchschnittlichen Österreichers. Im humanistischen Populismus nach kulturhistorischem Zuschnitt benennen wir solche Ausfälle als das, was sie sind: missgünstiger Schwachsinn, für den man sich genieren sollte. Und wir gehen sogar noch einen Schritt weiter. Wir schüren die Angst davor, was passiert, wenn rechtsextreme Kräfte die antiliberalen und kulturfeindlichen Weltbilder in die Tat umsetzen. Die relevanten Botschaften und ihre Bezüge zum Kulturbetrieb würden dann so aussehen:

»Populistische« Gegenansprachen

Erstens: Wenn wir keine Menschen ins Land lassen, zahlen wir drauf!
In Ermangelung von Zuzug wird keine grafische Darstellung und schon gar keine umgedrehte Alterspyramide mehr reichen, um die demografische Apokalypse abzufedern, die sich sukzessive abzeichnet. Und dann werden ganz einfach EURE Pensionen eingefroren. Der institutionalisierte Kulturbetrieb könnte in dieser Situation aufgrund seines bürgerlichen Renommees das perfekte Best-Practice-Beispiel für funktionierende Diversität sein. Dafür braucht es aber glaubhafte inklusive Strategien für Publikum, Belegschaft und Programm.

Zweitens: Für rechte Politik bezahlen vor allem die Klein- und Mittelverdiener:innen
Internationale Unternehmen haben keine Lust, sich an Orten des nationalistischen Stumpfsinns anzusiedeln, weil potenzielle Führungskräfte mit internationalem Background wiederum keine Lust darauf haben, in einem kleinkarierten, xenophoben, von Neid und irrationalen Ängsten getriebenen Umfeld zu leben. Das heißt: weniger Steuereinnahmen, weniger Wirtschaftskraft, weniger Binnenkonjunktur, weniger Arbeitsplätze, und dafür löhnt dann IHR. Mit »IHR« meine ich übrigens die Klein- und Mittelverdiener:innen, weil Wohlhabende und Großkonzerne aufgrund des internationalen Steuerwettbewerbs genügend Druckmittel haben, um ihren bevorzugten Standorten Zugeständnisse abzutrotzen. Konzerne werden fiskalische Verluste also sicher nicht kompensieren. Für den Kulturbetrieb bedeutet so eine Entwicklung: weniger internationales Publikum, das Kulturmanager:innen und Künstler:innen zu einem grenzüberschreitenden Wettbewerb der besten Ansätze und Konzepte antreibt. Weniger künstlerische Avantgarde aus dem Ausland, die auf den österreichischen Markt drängt und dort das Publikum beglückt. Und: zusätzliche Schwierigkeiten in der Gegenfinanzierung einer soliden Kulturförderung.

Drittens: Rechte Politik macht uns alle noch dümmer!
Weil gerade kluge und freigeistige Köpfe von einer Diktatur der nach rechts Angepassten Abstand halten,

geht der gesamte Forschungs- und Entwicklungsstandort baden, was zur Folge hat, dass ihr euch bei Innovationen im medizinischen, sozialen, ökonomischen und kulturellen Bereich hinten anstellen könnt. Dass das keine Dystopie ist, zeigen die Aussagen des Komplexitätsforschers Peter Klimek, der im *ORF* nach einer unqualifizierten Wissenschaftsschelte des Salzburger Landeshauptmannes Wilfried Haslauer im Zuge der vierten Coronawelle konstatierte: »Wenn dieses wissenschaftsfeindliche Klima weiter um sich greift, machen wir einen Schritt weiter zur Bananenrepublik.« Für Kultur sind solche beengten Verhältnisse toxisch. Sie verdammen die dort tätigen Akteur:innen zu Opportunismus und selbstreferenziellen Wiederholungen, weil sie kein Umfeld haben, das ihnen den Rücken freihält. Das entspricht genau der Zielsetzung der Rechten.

Viertens: Lippenbekenntnisse sind eine Form der Ignoranz

Hier auch noch eine Botschaft an die selbstgefälligen Urbanhedonist:innen: Wenn ihr, egal aus welchen Motiven auch immer, weiterhin versucht, Konfliktherde wie Migration, Armut oder religiösen Extremismus zu tabuisieren und deren Benennung zu verhindern, nur weil diese Konflikte in euren totgentrifizierten, von Dachterrassen, Secondhandläden und Waldorf-Kindergärten geprägten Ghettos nicht existieren, dann könnt ihr und eure politischen Vertreter:innen euch auf die Fahnen heften, genauso schuld am gesellschaftlichen

Klimaverfall und am Untergang einer lebendigen Kulturlandschaft zu sein wie die rechten Scharfmacher. Es ist notwendig und unabdinglich, diese Konfliktherde offensiv zu benennen und sie mit einem neuen, humanistisch geprägten Narrativ auszustatten. Daraus resultiert für den Kulturbetrieb der unmittelbare Bedarf, sich aus diesen Urbanhedonismus-Enklaven, in denen traditionellerweise die meisten Kultureinrichtungen angesiedelt sind, herauszutrauen und auch örtlich die Konfrontation mit der Gesamtgesellschaft zu suchen.

Wichtig ist und bleibt, dass wir beim Thema Populismus achtsam bleiben und immer den »kulturhistorischen Zuschnitt« hochhalten. Politische Ziele dürfen dabei immer nur die Teilmenge eines menschenfreundlichen Gesamtbildes sein.

Warum ist das wichtig?

Weil wir sonst an den Ausgangspunkt der Debatte zurückgeworfen werden, wo Populismus ein Eskalationswerkzeug ist, das keine Sachargumente zulässt und Diskussionen damit auf ein irrationales Level befördert. Uns muss es um humanistische Gesellschafts- und Menschenbilder, um den Austausch von Meinungen, um Haltungen und fortschrittliche Erzählungen gehen. Dafür setzen wir die ganze Bandbreite kultureller Stilmittel ein – also auch Reduzierung, Verknappung, Zuspitzung und so weiter. Dass das Gelingen einer solchen Strategie auch im kulturaffinen Bürger:innentum kein Selbstläufer ist, hat uns die Coronapandemie auf schmerzliche Art und Weise vor Augen geführt. Während sich diese Gruppe in den politischen Auseinandersetzungen rund um die sogenannte »Flüchtlingskrise« im Jahr 2015 noch auf den Standpunkt zurückzog, dass die gesellschaftliche Polarisierung ein Phänomen der »Proleten« – oder höflicher ausgedrückt: der »bildungsfernen Schichten« – sei, schaffte es die Pandemie, dass sich auch im aufgeklärten Bildungsbürger:innentum Gräben auftaten. An der Frage, ob das seit über 200 Jahren erprobte Prinzip der Impfung ein probates Mittel zur Covid-19-Bekämpfung sei, zerrieb sich nicht nur das Gemeindebau-, sondern insbesondere auch das gut situierte Kulturpublikum. Im April schockte eine Gruppe von rund 50 Schauspieler:innen mit der Kampagne *allesdichtmachen*. Was die Macher:innen als Satireprojekt zu den Schattenseiten der Coronaschutzmaßnahmen einordneten, wurde im Qualitätsjournalismus vor allem als einfältige Verharmlosung eine epochalen Gesundheitskrise umrissen. Da ist er, der sogenannte »Riss«, der durch »alle Gesellschaftsschichten« geht. Just in einer Armada zynischer Kulturschaffender manifestierte sich dieser Riss.

Der Umgang mit solchen Aspekten fordert kein sanftes Umdenken, sondern eine Disruption, die wiederum eine besondere Herausforderung für kulturelles Führungspersonal auf allen Ebenen darstellt. An dieser Stelle lautet die alles entscheidende Frage: Haben wir dieses Personal?

Eine »Kultur GmbH« als Blackbox der Entscheidungsfindung

Um zu verstehen, wie Führungspositionen im Kulturbereich vergeben werden, lohnt sich ein Überblick zu den gängigsten Organisationsformen. Viele große Kulturinstitutionen sind in Rechtsformen wie GmbHs eingegliedert, deren Gesellschafter:innen eine Körperschaft öffentlichen Rechts, etwa die Republik Österreich, sind. Auf diese Weise ist zum Beispiel die *Bundestheater Holding* strukturiert, die zu 100 Prozent dem Staat gehört. Die Holding fungiert wiederum als Eigentümerin von *Staatsoper*, *Volksoper* und *Burgtheater*. Auf kommunaler Ebene gibt es Mischkonzerne wie die *Wien Holding*, die sich zu 99,99 Prozent im Eigentum der Stadt Wien befindet und ein Unternehmensportfolio aus den Bereichen Immobilien, Logistik, Medien und Kultur steuert. Viele dieser Unternehmen sind keine 100-Prozent-Töchter, sondern haben noch andere Gesellschafter:innen. Ab und an teilen sich Bund und Land die Eigentümerschaft. In manchen Fällen sind auch Privatstiftungen oder Vereine zwischengeschaltet, die – besser geschützt vor dem Auge der kritischen Öffentlichkeit – von Körperschaften öffentlichen Rechts gelenkt werden. Es ist höchste Zeit, solche Organisationsstrukturen zu erklären, weil sie viel über die Funktionsweise des Kulturbetriebs erzählen und mit einigen Mythen aufräumen. Viele Menschen, auch aus der Gruppe der Intensiv-Kulturkonsumenten, halten Theater, Museen, Konzerthäuser und andere künstlerische Einrichtungen nämlich für UFOs, die losgelöst von irdischen Zwängen im öffentlichen Leben gelandet sind. Wohlwollende Kulturfreund:innen interpretieren das als Privileg der hehren Kunst. Kritische Geister befürchten Kontrolldefizite und Misswirtschaft.

Fakt ist: Institutionalisierte Kultur ist in den allermeisten Fällen kein gemeinnütziger Ponyhof, sondern Teil eines elaborierten Firmengeflechts. Die Strukturen ähneln dabei jenen von Infrastrukturunternehmen mit öffentlichem Auftrag. So unterscheidet sich die genannte *Wien Holding* mit ihren Kultur- und Veranstaltungsbetrieben in ihrer Machart nur unwesentlich von den *Wiener Stadtwerken*, die bei Energie, Mobilität, Bestattungswesen und Informationstechnik mitmischen. Diese Parallelität zeigt uns auf imposante Art und Weise, dass die weisen Vordenker:innen der Wiener Kommunalverwaltung grundständig davon ausgegangen sind, dass Kultur systemrelevant ist und dementsprechend auch organisiert werden muss. Die Coronakrise hat uns wiederum schmerzlich vor Augen geführt, dass diese Haltung keinesfalls selbstverständlich ist. Wir müssen auf ideeller Ebene neu erstreiten, was auf organisatorischer Ebene seit Jahrzehnten festgeschrieben ist.

Gleichzeitig bedeutet eine festgezurrte Unternehmensstruktur auch festgezurrte Kontrolle durch Aufsichtsräte. Deren Bestellung ist de facto politisch, weil die Gesellschafter:innen als Körperschaften öffentlichen Rechts vorwiegend durch Politiker:innen repräsentiert werden. Grundsätzlich ist das natürlich in Ordnung, weil Mandatar:innen beziehungsweise die von ihnen bestimmten Minister:innen oder Stadträt:innen nicht vom Himmel fallen, sondern mittels demokratischer Wahlen legitimiert sind. Für die Kultur ergibt sich an dieser Stelle aber ein ganz praktisches Problem: Weil Kultur im Politikbetrieb zum Nischenthema degradiert wurde und keine kulturpolitische Sozialisation stattfindet, werden in diesem Bereich große Entscheidungen von Akteur:innen gefällt, die über kleines Fachwissen verfügen. Das verursacht eine fatale Kettenreaktion: Für die Entsendung von selbstwirksamen Aufsichtsrät:innen fehlt die notwendige Vernetzung in unabhängigen Expert:innenkreisen und auch der Wille, sich von solchen selbstbewussten Expert:innen inhaltlich herausfordern zu lassen. Auf diese Weise ist das Aufsichtsratswesen in Österreichs Kulturlandschaft ein »Insiderjob«, der von zahlreichen Persönlichkeiten mit Mehrfachmandaten in inhaltlich verwandten Institutionen geprägt ist. Zusätzlich ist eine ungesunde Mischung aus operativer Funktion und Aufsichtsratsposten innerhalb des Kulturbiotops gang und gäbe. Es kann also sein, dass ein:e Kulturmanager:in, der:die bei einem ihrer:seiner Stakeholder gerade um eine Vertragsverlängerung als Geschäftsführer:in buhlt, an einer anderen Ecke für ebendiesen Stakeholder Kontrolle ausüben soll und ihn dementsprechend auch in unbequeme Auseinandersetzungen manövrieren könnte. Ein Spagat, der kaum zu bewältigen ist.

Ganz salopp gesagt: Man stolpert in den wichtigen Kontrollgremien der Kulturinstitutionen über die immer gleichen Namen, und zwar über jene, denen man gemeinhin eine gute parteipolitische Vernetzung nachsagt. Diese Personen sitzen während ihrer Meetings so gut wie nie internationalen Expert:innen gegenüber, was ob des Führungsanspruches, den der österreichische Kulturbetrieb weltweit postuliert, eine Schande ist.

Vom Insiderjob zu einem Job für Kultur-Insider

Die Ignoranz gegenüber kulturellen Führungspersönlichkeiten aus anderen Bezügen ist weder mit Nachlässigkeit noch mit Faulheit zu erklären. Es handelt sich um eine Haltung. In Österreich und insbesondere in Wien regiert nämlich eine Selbstwahrnehmung, die kulturelle Exzellenz außerhalb der eigenen lokalen Blase für eine Ausnahme hält. Internationale Best-Practice-Beispiele, von denen man lernen könnte, existieren nicht, weil man selbst das beste Best-Practice-Beispiel überhaupt ist. Internationale Erfahrung bei der Besetzung von Kulturmanagementposten? Nebensächlich! Die beste Vorbereitung auf einen Kulturstandort wie Wien oder Salzburg ist Wien oder Salzburg, weil da ohnehin nichts drüber geht. Ich kann ein Lied davon singen. Die letzten zehn Jahre war ich als Kulturmanager in Deutschland tätig und habe dort Kulturzentren, Festivals und Verwaltungseinheiten geleitet. Immer wieder habe ich meine Fühler in Wien ausgestreckt, weil ich näher bei meiner

Familie leben und wirken wollte. Der Makel, zehn Jahre lange nicht das Wiener Kulturmodell angebetet zu haben, wiegt schwer. Immer wieder wurde mir geraten, mich stärker um das Thema »Networking« zu kümmern und mehr Präsenz bei lokaler Politik und Verwaltung zu zeigen. Ich habe das phasenweise beherzigt, auch um dem Vorwurf entgegenzuwirken, ich würde nur von außen kommentieren und nicht von innen verändern wollen. Ich wurde dann auch zu dem einen oder anderen Hearing eingeladen. Was ich in pittoresken Prunksälen und biederen Amtsstuben vor Findungskommissionen erlebt habe, ergab ein manchmal amüsantes, oft auch deprimierendes Stimmungsbild aus den Mühlen des österreichischen Kulturbetriebs. Ich bin Sektionschefs begegnet, die mir eingangs gesagt haben, dass ich glücklich sein müsse, dass ich mich hier überhaupt präsentieren darf – ich sei der einzige zugelassene Bewerber »von außerhalb«. Mit »außerhalb« war nicht außerhalb von Österreich, sondern außerhalb des Ministeriums gemeint. In bilateralen Gesprächen wurde immer wieder infrage gestellt, ob ich nach einem Job in der »Provinz« auch der Großstadt Wien gewachsen sei. Mit Provinz war Mannheim gemeint, das in der 2,5 Millionen Einwohner zählenden Metropolregion Rhein-Neckar liegt und zweitgrößte Stadt Baden-Württembergs ist – ein deutsches Bundesland, das mehr Einwohner als Österreich hat. Öfters hat man mir via Flurfunk zugetragen, dass eine Personalie trotz Ausschreibung bereits fix und fertig paktiert, ein Vorsprechen aber trotzdem ratsam sei – nach dem Motto: Wer weiß, wofür es gut ist. Es gab Fälle, da lieferte mir der Flurfunk sogar noch vor der offiziellen Ausschreibung den Siegernamen. Ich habe auch hier die Probe aufs Exempel gemacht: Der Flurfunk hatte recht. Immer geht es hier um das »Netzwerk«, darum, ein Verbindungsglied in einer einflussreichen Seilschaft zu werden. Zum diesbezüglichen Erfahrungsschatz gehört auch die Usance, dass man nach einem Hearing wochenlang keinen Mucks hört und von der finalen Besetzung aus der Zeitung erfährt. Die stützt sich üblicherweise auf eine hochoffizielle Presseaussendung, die offenbar Vorrang hat. Einmal führte ich mit der Spitze einer Kulturholding ein intensives Gespräch bezüglich der künstlerischen Leitung eines großen Ausstellungshauses. Im Zuge des Gesprächs bat man mich, einen Termin in rund einem Monat zu blockieren, der für einen Austausch mit Landesvertreter:innen vorgesehen sei, und legte mir nahe, nochmals intensiv die aktuelle Ausstellung anzusehen, um darauf basierend etwaige Weiterentwicklungen auszuführen. Am Morgen des avisierten Termins erreichte mich eine SMS, dass sich die Terminschiene verändert habe und man sich rasch bzgl. des weiteren Vorgehens melden würde. In der darauffolgenden Nacht schickte mir ein »Karriere«-E-Mail-Account eine standardisierte Absage. Darin enthalten war auch ein Textbaustein, der mich ermunterte, den »Job-Alert« auf der Karriereseite zu aktivieren.

Warum zähle ich diese Erfahrungen auf?

Weil sie in ihrer Mannigfaltigkeit zeigen, dass es sich um einen Habitus des österreichischen Kulturbetriebs und nicht um Ausfälle einzelner ungehobelter Entscheider:innen handelt. Das schlechte Benehmen in den Führungsetagen, das sich gerne als Charisma oder grenzgängerische Persönlichkeit eines Genies tarnt, hat sich längst auf Teile der Kulturverwaltung übertragen. Wer solche Gepflogenheiten problematisiert, stößt auf blankes Unverständnis. Investierte Zeit, nicht erstattete Reiseaufwände, konzeptionelle Überlegungen, die als Blankoscheck vorab ins Rennen geworfen werden: Die einen sehen es als Privileg, dass man all das für eine Position im österreichischen Kulturbetrieb einbringen darf, die anderen lachen sich schlapp, weil man tatsächlich gedacht hat, die Mechanismen einer österreichischen Stellenbesetzung aushebeln zu können. Tatsächlich handelt es sich um eine kaltblütige Missachtung von Ressourcen, die Menschen in die Ausgestaltung einer vakanten Position investieren.

Dank meiner Doppelrolle als Wiener mit guter Vernetzung in der hiesigen Kulturszene und Kulturmanager in Deutschland kann ich berichten, dass die Gepflogenheiten in Österreichs Stellenbesetzungsverfahren im deutschsprachigen Raum mittlerweile für Kopfschütteln und Abwendung sorgen. Da ist die Rede von Abschottung, von totalem Desinteresse gegenüber Konzepten außerhalb der Österreichblase, von arroganten Personalberater:innen ohne einschlägige Expertise, die zwischengeschaltet sind, und von dem unangenehmen

Gefühl, dass das Missing Link zwischen einer Bewerbung und einer *erfolgreichen* Bewerbung nie ein überzeugendes Konzept, sondern immer irgendein persönlicher Kontakt ist. Nicht zu unterschätzen ist auch das Branchengerede über undurchsichtige Wechsel, die das Kultursystem und seine Führungspersönlichkeiten diskreditieren und den Verdacht nähren, dass politische Netzwerke auch die Kultur korrumpieren. So eine Personalie ist zum Beispiel an der *Wiener Staatsoper* registriert worden. ÖVP-Politikerin Petra Bohuslav wechselte 2020 ansatzlos aus der Niederösterreichischen Landesregierung, wo sie für Wirtschaft, Technologie und Tourismus zuständig war, in die kaufmännische Geschäftsführung eines der bedeutendsten Opernhäuser der Welt. Die Bestellung verkündete der damals zuständige Minister und spätere Kurzzeitkanzler Alexander Schallenberg, der demselben parteipolitischen Lager wie Petra Bohuslav entstammt. Fachlich weitaus weniger verwegen, dafür stilistisch fragwürdig war auch der Sprung von SPÖ-Politiker Andreas Mailath-Pokorny an die Spitze der *Musik und Kunst Privatuniversität der Stadt Wien*, deren Eigentümer die *Wien Holding* und damit de facto die Stadt Wien ist. Sein Vorgänger im Rektorat, Franz Patay, war 2016 zu den *Vereinigten Bühnen Wien* gewechselt. Seine Stelle wurde beharrlich nicht neu ausgeschrieben. Patay blieb interimistischer Leiter, was vielen komisch vorkam – es wurde über eine Art Platzhalterfunktion getuschelt. Aber für wen? Am 12. April 2018 wurde ruchbar, dass Mailath-Pokorny von seiner Funktion als Kulturstadtrat zurücktreten und der umgebildeten Stadtregierung rund um Neobürgermeister Michael Ludwig nicht mehr angehören würde. Am 21. April 2018 schrieb die *Wien Holding* dann doch die Leitungsfunktion an der Privatuniversität aus und berief prompt Andreas Mailath-Pokorny auf den Chefposten. Ein mediales Erdbeben blieb aus – der österreichische Kulturjournalismus hat sich an solche Rochaden längst gewöhnt. Ausgerechnet im Krisenjahr 2021 kam es dann in punkto Kulturpostenbesetzungen zu einem imposanten Politgezerre. Österreich befand sich am Sprung in die vierte Coronawelle, die krisengebeutelte Kulturszene erwartete neue, existenzgefährdende Hiobsbotschaften. Just in einer Zeit, in der es auf vertrauensbildende Maßnahmen und glaubhafte Expertise ankam, machte sich Salzburg zum Hotspot beschämender Personaldebatten. Anfang November wurde Linus Klumpner zum Direktor der *Mozart-Museen* bestellt. Zu diesem Zeitpunkt hatte der 33-Jährige mit einwandfreier parteipolitischer Vita im konservativen Lager gerade mal vier Jahre als Referent in ÖVP-Ministerien gearbeitet, immerhin auch als Referent für internationale Kulturangelegenheiten im Außenministerium. In dieser Rolle soll er sich bei der Auswahl von Kunstwerken für das Büro seines Chefs, dem seinerzeitigen Außenminister Alexander Schallenberg, als »Kurator« profiliert haben. Kurz darauf erfolgte die Bestellung einer neuen Präsidentin für die hoch angesehenen *Salzburger Festspiele*. Zuständig hierfür ist ein Kuratorium mit fünf stimmberechtigten Mitgliedern, von denen vier unmittelbar der ÖVP zuzuordnen sind. Der Posten, der ob seines mächtigen Titels und der Existenz einer Intendanz sowie einer kaufmännischen Direktion eher das Antlitz eines Ehrenamtes hat, ist tatsächlich einer der bestbezahlten Kulturmanagementjobs des Landes. Der Rechnungshof wies für das Jahr 2018 ein Jahressalär von rund 218.000 Euro aus. Bereits vor der offiziellen Entscheidung des Kuratoriums wurde ruchbar, dass Brigitta Pallauf an die Spitze der Kulturinstitution gehievt werden sollte. In der Szene ist dieser Name vollkommen unbekannt, was wohl daran liegt, dass Pallauf ÖVP-Berufspolitikerin ist. Für die *Festspiele* sollte sie den Job als Salzburger Landtagspräsidentin aufgeben. Dass ihre Bestellung so früh die Runde machte, lag wohl auch daran, dass im Landtag noch vor der Entscheidung des Kuratoriums offen über eine bevorstehende Vakanz an der Spitze des Landesparlaments gesprochen wurde. Zur fachlich fragwürdigen Personalie gesellte sich auch noch eine aufreizende Unverfrorenheit im kommunikativen Umgang. Es ist wohl dem Einstimmigkeitsgrundsatz bei der Entscheidung und dem einzigen Nicht-ÖVP-Politiker im Kuratorium zu verdanken, dass Salzburg einer kulturpolitischen Blamage entgangen ist. Letztendlich wurde die Marketingexpertin Kristina Hammer zur Präsidentin bestellt. Selbst die Auserwählte dürfte von ihrem Sieg überrascht gewesen sein. Bei ihrer Präsentation meinte sie: »Es wäre falsch, jetzt schon mit einem Zehnpunkteprogramm anzutanzen.

Lassen Sie mich einfach einmal hier ankommen.« Wie man ohne so ein Programm im Hearing für die Präsidentschaft der *Salzburger Festspiele* überzeugen kann, blieb unhinterfragt.

Wien hätte im Lichte der Salzburger Possen und unter dem Eindruck mehrerer Postenschacherskandale im Umfeld der österreichischen Bundesregierung die Chance gehabt, sich endlich als integre Antithese zu positionieren. Dass die Bundeshauptstadt dazu grundsätzlich imstande ist, hat auf gesundheitspolitischer Ebene das eigensinnige Covid-19-Management mit engmaschiger Teststrategie und konsequenten Schutzmaßnahmen bewiesen. Stattdessen schrieb die Wiener Kulturpolitik ein weiteres Kapitel im Opus magnum der bizarren Stellenbesetzungen. Im April 2022 berief die *Wien Holding* die *Stadt-Wien-Marketing*-Co-Chefin Gerlinde Riedl zur neuen Leiterin des *Kunst Haus Wien*. Riedls Karriere ist seit 1997 eng mit der Wiener SPÖ, aber so gut wie gar nicht mit dem Thema Kulturmanagement verknüpft. Im Zuge der Legitimierung wurde Wiens museales Zentrum für Friedensreich Hundertwasser und Fotokunst kurzerhand zu einem touristischen Business-Case degradiert, der keine kulturellen Vorerfahrungen benötigt. Dass Institutionen wie das *Kunst Haus Wien* umgedeutet werden, um solche Rochaden zu rechtfertigen, stellt eine neue Qualität der Unverfrorenheit dar. Die Verkündigung der Personalie übernahm übrigens Finanzstadtrat Peter Hanke, dem die *Wien Holding* unterstellt ist. Kulturstadträtin Veronica Kaup-Hasler soll gemäß Medienberichten nicht involviert gewesen sein. Ihre Nicht-Rolle in dem Verfahren hatte sich das Hanke-Ressort angeblich durch eine Absprache im Zuge der Neubesetzung der Direktor:innenstelle im *Jüdischen Museum Wien* gesichert, wo Kaup-Hasler bestimmen wollte. Wem so ein provinzieller Kuhhandel genau nutzt, weshalb zwei Ressorts nicht imstande sind, in mehreren Fällen gleichzeitig eine kooperative und kompetente Lösung für eine wichtige Unternehmenstochter der Stadt Wien zu paktieren und weshalb sich eine Partei wie die SPÖ eine glaubhafte Aufdeckerrolle in der Opposition durch solche beschämenden Vorgänge zerschießen lässt, bleibt das Geheimnis aller Beteiligten.

Es ist der Hang zu solchen fragwürdigen Verfahren, die Überhöhung des eigenen Standorts, das Kompetenzvakuum in der Politik, das Fehlen echter Kontrollgremien und die Normalität von schlechtem Benehmen, die mit dazu führen, dass internationale Hochkaräter vor Bewerbungen in Österreich mittlerweile zurückschrecken. Indiz dafür ist die desaströse Bewerbungsbilanz der letzten Ausschreibung für die Direktion des Wiener *Burgtheaters*: Von elf Bewerbungen kamen nur noch zwei aus dem Ausland. Bei der letzten regulären Ausschreibung vor dem Burgtheaterskandal im Jahr 2014 hatten sich 21 Personen beworben, davon 16 aus dem Ausland. Die Kulturszene läuft hier Gefahr, in eine ähnliche Isolationsspirale zu stolpern wie das Medienflaggschiff *ORF*. Bei jeder Neuausschreibung der *ORF*-Generaldirektion beginnt ein Tauziehen der Bewerber:innen um die Gunst der politischen Entscheidungsträger:innen. Im Hin und Her zwischen Koalitionspartner:innen, Stiftungsrät:innen, Minister:innenbüros und Job-Aspirant:innen ist nur ein Umstand gesetzt: Es kommt sicher kein:e Medienmanager:in »von außen«, geschweige denn ein internationaler Kapazunder. Bei der letzten Wahl 2021 formulierte es *ZIB-2*-Aushängeschild Armin Wolf, immerhin Angestellter dieser Institution, auf *Twitter* wie folgt: »Alle fünf Jahre ist es wirklich frustrierend, für den ORF zu arbeiten. Es gibt wirklich spannende Medienleute in Ö. und D. – aber keine·r von ihnen bewirbt sich für die ORF-Generaldirektion, weil allen klar ist, dass der Job politisch ausgedealt wird. Es ist zum Weinen.«

Es gäbe tatsächlich auch spannende Medienleute außerhalb von Österreich und Deutschland. Zum Beispiel Manager:innen, die bei weltumspannenden Streaming-Plattformen das Thema Digitalisierung inhaliert haben und dieses Wissen zur Säule einer neuen Standortstrategie machen könnten – eine Strategie, die auch die Kulturszene aufgrund einer überregionalen Perspektive massiv befruchten würde. Solche personellen Optionen sind aber selbst für die zweite und dritte Führungsebene in Österreichs wichtigstem Medienunternehmen utopisch. Es ist nämlich alle fünf Jahre auch wirklich frustrierend zu sehen, wie der *ORF* im Sog eines Intendantenwechsels zum internen Verschiebebahnhof für Spartendirektoren, Abteilungsleitungen und Chefredaktionen wird. Der *ORF* hält sich selbst und seine ihm innewohnenden Netzwerke nach innen und außen für die beste Vorbereitung, um unternehmensintern zu reüssieren. Könnten Unternehmen narzisstisch sein, der *ORF* wäre wohl ein Paradebeispiel für dieses Phänomen.

In der österreichischen Kulturlandschaft beobachten wir ähnliche Entwicklungen, insbesondere da, wo Landesholdings mit engmaschiger Verstrickung in die Landespolitik schalten und walten. Die Szene schmort im eigenen Saft, und während sie dort so vor sich hin blubbert, bemerkt sie nicht, dass sie im internationalen Geschmacksvergleich an Terrain verliert. Das gilt insbesondere für das Theater, wo die ästhetischen Revolutionen längst woanders stattfinden. Joachim Meyerhoff, viele Jahre fester Bestandteil des *Burgtheater*-Ensembles, schrieb in seinem jüngsten Buch »Hamster im hinteren Stromgebiet« über Wien: »Seit 12 Jahren fahre ich Tag für Tag mit der Straßenbahn ins Theater und in all diesen Jahren hat sich nie das Geringste auf dieser Strecke verändert. Alles ist wie erstarrt, in Stein gemeißelt in dieser Stadt.« In Meyerhoffs Schilderungen wird deutlich, dass er keine urbane Kulisse, sondern ein Stimmungsbild umreißt. Er wechselte konsequenterweise an die *Berliner Schaubühne*.

Wir brauchen eine Trendwende, und diese Trendwende führt über eine erneuerte Personalpolitik, die auf dem Prinzip »Verantwortung statt Fake-Transparenz« basiert. Wer regelmäßig die Stellenanzeigen für Führungspositionen im öffentlichen Bereich liest, kennt ihn: den

Hinweis auf das Bundesgesetz über Transparenz bei der Stellenbesetzung im staatsnahen Unternehmensbereich. Die Inhalte dieses Gesetzes sind gut gemeint. Sie regeln Ausschreibungsmodalitäten, Rahmenbedingungen der Bewerbung und der Besetzung und auch Pflichten rund um die Bekanntgabe der Entscheidung. Einmal mehr bewahrheitet sich hier aber, dass das Gegenteil von gut »gut gemeint« ist. Statt Transparenz hat das Gesetz einen gigantischen Apparat in Bewegung gesetzt, der nur dazu dient, die Entscheidung einer politisch bestellten Einzelperson – zumeist eines:r Minister:in oder eines:r amtsführenden Stadtrats:Stadträtin – mit einem Objektivitätsanstrich zu versehen. Das Lieblingsinstrument zur Verschleierung einer politisch ausgedealten Personalie ist die sogenannte Findungskommission. Deren Mitglieder werden natürlich auch von jener Person entsandt, die die Letztentscheidung trifft. In Österreich grassiert zudem die Usance, dass Einrichtungsleiter:innen aus dem kulturellen Umfeld der Institution, für die die Besetzung vorzunehmen ist, zu Findungskommissionen hinzugezogen werden. So kann es sein, dass über die Bestellung einer Wiener Museumsdirektion ein Direktionsmitglied eines anderen Wiener Museums mitentscheidet. Was per se als Einbindung von Fachwissen verstanden werden soll, ist tatsächlich hoch problematisch. Nicht nur, dass standortspezifische Konkurrenzverhältnisse in die Entscheidung einfließen können, ist es zudem wahrscheinlich, dass die anwesenden Eigentümervertreter:innen aus Bund und Ländern auch für die hinzugezogenen Kommissionsmitglieder aus den Institutionen zuständig sind. Dementsprechend werden sich solche Expert:innen hüten, Personalwünschen aus der Politik, die über die Eigentümervertreter:innen ventiliert werden, allzu vehement zu hinterfragen. Es könnte nämlich sein, dass sie dem nächsten Hearing nicht als Kommissionsmitglied, sondern als Bewerber:in für eine Vertragsverlängerung beiwohnen und dann vom Wohlwollen der Mitentscheider:innen abhängig sind.

Ein Beispiel für so ein toxisches Machtgefälle ist die vorher erwähnte Stellenbesetzung im *Kunst Haus Wien*, die in der Berufung einer kulturell unerfahrenen, dafür politisch bestens vernetzten Marketingfrau mündete. Der Findungskommission gehörte Franz Patay an, der auch schon bei der Berufung von Andreas Mailath-Pokorny zum Rektor der *Musik und Kunst Privatuniversität* eine Rolle spielte. Patay steht den *Vereinigten Bühnen Wien* vor, die wie das *Kunst Haus Wien* zur *Wien Holding* gehören. Eigentlich muss man von einem gestandenen Kulturmanager den Rücktritt als Mitglied der Findungskommission erwarten, wenn er mit dem Ansinnen konfrontiert ist, die Chefin des Stadtmarketings zur Leiterin eines renommierten Kunstmuseums zu bestellen. So ein Schritt fällt umso schwerer, je größer die Abhängigkeiten über die Funktion als Findungskommissionsmitglied hinaus sind. Sprechen wir Klartext: Begehrt Patay gegen so eine Personalentscheidung auf, riskiert er eine potenzielle Vertragsverlängerung. Solche Unvereinbarkeiten müssen in Zukunft strukturell unterbunden werden.

Der Rat der Findungskommissionen hat außerdem so gut wie nie bindenden Charakter. Trotzdem entsteht der Eindruck, die Entscheider:innen hätten sich einer objektiven Expert:innenmeinung unterworfen. Das zweite Legitimations-Back-up sind in den allermeisten Fällen Headhunter. Sie werden nicht von der Findungskommission, sondern von einem:einer Vertreter:in der Gesellschafter:innen, zum Beispiel einem:einer Ministeriumsmitarbeiter:in, gebrieft und treffen dann eine entsprechende Vorauswahl, die den Expert:innen zwecks Entscheidung zugeht. Dieser Prozess ist weder ausreichend in einem Gesetz geregelt noch wird er je sichtbar. Der Aufsichtsrat – also jenes Gremium, das eigentlich einen kontinuierlichen Blick auf die tagtäglichen Aktivitäten einer Gesellschaft haben sollte – ist meistens zum Abnicken verdammt. Auf diese Weise hat die Legislative kein transparentes Konstrukt, sondern eine teure Blackbox hervorgebracht, die den eigentlichen Sinn des BGBl. Nr. 26/1998, so die Kurzbezeichnung des Transparenzgesetzes, ad absurdum führt.

Machen wir also Schluss mit dieser Scharade und die Bestellung von Führungspositionen zu einer gemeinsamen Entscheidung der politisch verantwortlichen Person und des:r Aufsichtsratsvorsitzenden. Eine ausführliche Entscheidungsbegründung kann dann via Amtsblatt oder einem anderen Medium veröffentlicht werden. Die Verantwortlichen sollen endlich Verantwortung übernehmen. Ob Sie dazu auf intensiven Austausch mit Expert:innen, die übertragbaren Erfahrungen aus einem Best-Practice-Beispiel oder eben eine Ausschreibung setzen, muss disponierbar sein. Hierzu müssen wir klarstellen: Es ist nicht unmoralisch, den Markt nach passenden Persönlichkeiten abzugrasen, mit Kandidat:innen Hintergrundgespräche zu führen und dann nach Abwägung aller Entscheidungskriterien eine strategische Bestellung vorzunehmen. Sehr wohl unmoralisch ist die Praxis, mit Scheinausschreibungen die Zeit von Menschen zu stehlen und Kulturressourcen in Personalberatungsfirmen und Aufwandsentschädigungen umzuschichten, nur um zu einem Ergebnis zu kommen, das von vornherein unumstößlich paktiert war. Grundvoraussetzung für diesen Paradigmenwechsel in der Personalsuche ist eine Konsolidierung der kulturellen Kompetenz im Politikbetrieb und ein seriöser Zugang zum Thema Aufsichtsräte.

Bei der Neuausrichtung der Personalfindung dürfen wir uns aber nicht nur um die Führungspositionen kümmern. Mit der gleichen Sorgfalt, mit der wir uns der Auswahl der Leitungsebene widmen, müssen wir auch das Umsetzungspersonal in den Einrichtungen und in der Kulturverwaltung aussuchen. Denn hier sind die Schnittstellen zu Künstler:innenschaft und Publikum und damit auch die alltäglichen Konfliktpotenziale angesiedelt. Hier fällt die intuitive Entscheidung, ob Kultur ein Willkommensgefühl oder eine Abstoßungsreaktion hervorruft. Dementsprechend fatal ist es auch, kommunale Kulturreferate oder ministeriale Kulturabteilungen als parteipolitische Versorgungsapparate zu missbrauchen. Eine Zielgruppe, die dazu neigt, die eigene Berufung als Kampf auf Leben und Tod zu empfinden – nämlich die Künstler:innenschaft –, trifft auf eine Armada von Referent:innen und Sachbearbeiter:innen, die ihre Tätigkeit als Perpetuum mobile zur eigenen Daseinsvorsorge interpretiert. Dieser »Kulturclash« hat bereits viel Schaden angerichtet, weil er Misstrauen sät und in weiterer Folge eine wechselseitige Empathielosigkeit schürt. Die einen sind die weltfremden Künstler:innenzicken, die anderen die kleingeistigen Kulturbürokrat:innen. Dazwischen steht das Publikum, das in der Dissonanz zerrieben wird und sich in seinen diversen Bedürfnissen nicht gesehen fühlt. Diesen Teufelskreis gilt es zu durchbrechen. Dazu reicht es nicht, Missstände abzustellen. Wir müssen unser Koordinatensystem in der kulturellen Bildung komplett neu ausrichten und so eine neue Generation an Mitwirkenden für alle Facetten des Kulturbetriebs hervorbringen.

Eine neue Bildungskultur mit Kultur in der Bildung

Wahrscheinlich erwarten Sie jetzt, dass ein Reformvorschlag für die Kunsthochschulen kommt. Oder der Entwurf für eine neue Kaderschmiede des Kulturmanagements. Schließlich sind es genau solche Bildungseinrichtungen, die mit dem Kulturbetrieb und seinen

Akteur:innen assoziiert werden und demzufolge auch für deren Vorankommen zuständig sein müssten. Aber genau das ist das Problem. Die Vitalität der Kultur entscheidet sich nicht nur an den Orten der ästhetischen Exzellenzförderung oder der schmalen Führungskräfteentwicklung. Sie entscheidet sich an jenen Orten, wo Menschen ein grundsätzliches Verständnis für die Auseinandersetzung mit sich und der Welt entwickeln sollten, nämlich in der Schule. Hier wird potenziell eine Generation sozialisiert, die Kunst und Kultur als Grundrecht einfordert und anschließend ihre Forderungen an einen sinnstiftenden Kulturbetrieb formulieren kann. Es ist eine Generation, die nicht nur gefällige Inhalte erwartet, sondern aufgrund ihrer soliden kulturellen Bildung auch eine tief verwurzelte Sehnsucht nach Verstörung und gesellschaftlicher Konfrontation hat. In dieser Logik haben die spezialisierten Fortbildungsinstitutionen die Aufgabe, ihre Absolvent:innen für den Umgang mit solchen Bedürfnissen zu schulen. Nicht das künstlerische Ich steht im Vordergrund, sondern das künstlerische Ich im Wechselspiel mit dem Publikum.

Nun, da wir bei der Bedeutung der Schulen angelangt sind, wäre das nächste Missverständnis an der Reihe. Das bestünde klassischerweise darin, ein Mehr an Kunstunterricht zu fordern. Ein derartiger Kulturlobbyismus stünde in einer Reihe mit den Unterstützern der sogenannten »MINT«-Fächer Mathematik, Informatik, Naturwissenschaft und Technik. Sie gelten als Wunderwaffen einer zukunftsfähigen Jugend und werden dementsprechend vehement als konkrete Fächerentwürfe in den Lehrplan der Pflichtschulen hineinreklamiert. Doch nicht einmal die Verdreifachung des Kunstunterrichts wäre eine angemessene Forderung. Es geht um nicht weniger als die Einführung kultureller Bildung als Querschnittthema über den gesamten Lehrplan hinweg. Was das bringt, veranschaulichen just die MINT-Fächer. Sie sind jenes technologiegetriebene Biotop, aus dem große Social Networks wie *Facebook*, *Twitter* oder *Instagram* hervorgegangen sind. Das Problem ist nur: Es handelt sich eben nicht um »MINT Networks«, deren einwandfreie Funktionalität sich programmieren, errechnen, verkabeln und downloaden lässt – es handelt sich um SOCIAL Networks, die eigene Kulturtechniken mit jeder Menge Beziehungsarbeit hervorgebracht haben. Diese Kulturtechniken wurden nicht mal ansatzweise gelehrt, weshalb wir es heute mit einem gesellschaftlichen Subsystem zu tun haben, in dem die Technik wie eine Eins steht, die neu erschlossenen Kulturräume aber ob des Hasses, der Fehlinformation und der Verhaltenssüchte kollabieren – und zwar unabhängig davon, ob man Kultur als Lebensweise einer Gesellschaft, Sammelbegriff für geistige Güter oder Alltagsbegriff für künstlerische Angebote definiert. In dieser Hinsicht ist das Bildungssystem nicht nur gescheitert, was einen gewissen Grad an Sympathie hervorrufen könnte, weil Scheitern ein notwendiges Übel in einem innovativen Umfeld ist. Das System ist ob seiner Ignoranz gegenüber kultureller Bildung hochgradig destruktiv. Es macht unsere Kinder und Jugendlichen – also jene Menschen, denen wir im Rahmen des Generationenvertrages irgendwann mal ausgeliefert sind und denen wir deshalb vertrauen sollten – ängstlich, indifferent, verzweifelt, orientierungslos, werteresistent.

Ich will an dieser Stelle eine Geschichte erzählen. Im Jahr 2014 startete ich in meiner Funktion als Leiter eines Jugendkulturzentrums in Mannheim eine auf sechs Monate angelegte Schreibwerkstatt für junge Menschen, die stationär in einem psychiatrischen Krankenhaus behandelt werden mussten. Das Krankheitsspektrum der jungen Patient:innen reichte von Verhaltenssüchten über Depressionen bis hin zu schweren Psychosen. Um mich auf die Aufgabe vorzubereiten, tauschte ich mich mit einer jungen Oberärztin aus, die dem Projekt aufgeschlossen gegenüberstand. Bei einer kurzen Führung durch die Stationen und den Ambulanzbetrieb stellte ich eher beiläufig eine simple Frage:

»Mit welchen Problemen und Erkrankungen hat die Kinder- und Jugendpsychiatrie derzeit am meisten zu kämpfen?«

Die Antwort der Oberärztin war schockierend: »Selbstverletzung als Form des Spannungsabbaus. Und dann diverse Störungen, die in direktem Zusammenhang mit dem Schulalltag stehen.«

Wir unterhalten also Krankenanstalten, die die Versehrten unseres Bildungssystems auffangen. Diese Versehrten haben Angststörungen, weil sie Anforderungen, soziale Konflikte und Lehrmethoden des Schulalltags kaum verkraften. Sie haben Depressionen, weil ihnen ihre Primärkontakte im Lehrkörper keine Perspektiven für eine Zukunft aufzeigen, die ohnehin überall als schwierig, krisenhaft, potenziell bedrohlich dargestellt wird. Sie sind im schlimmsten Fall selbstmordgefährdet, weil es der Schulbetrieb nicht schafft, zerstörerische Mechanismen wie Mobbing oder strukturelle Gewalt unter Kontrolle zu bringen.

Ich versuchte daraufhin, die Beobachtungen in Mannheim faktisch auf Österreich umzulegen. Eine 2017 präsentierte Studie der *MedUni Wien* kam zu dem Schluss, dass knapp 24 Prozent der Zehn- bis Achtzehnjährigen an einer psychischen Erkrankung leiden könnten. Knapp 36 Prozent hatten laut eigener Einschätzung schon einmal eine psychische Störung. Es handelte sich tatsächlich um die erste österreichweite epidemiologische Studie zur Häufigkeit von psychischen Erkrankungen in dieser Altersgruppe. Dass Schule dabei zwangsläufig eine große Rolle spielen muss, zeigt das enorme zeitliche Ausmaß, das für die Bewältigung des schulischen Alltags notwendig ist. Eine Studie der Universität Salzburg ging bereits 2008 von 37,5 Wochenstunden bei Volksschüler:innen der vierten Klasse aus. AHS-Unterstufenschüler:innen investieren durchschnittlich 48,5 Stunden, AHS-Oberstufenschüler:innen 52 Stunden und Hauptschüler:innen 45 Stunden. Schule ist ein Vollzeitjob. Dieser Job macht in einem beunruhigenden Ausmaß krank. Was mir die Oberärztin auf der Kinder- und Jugendpsychiatrie gesagt hat, ist kein diffuses Gefühl, sondern eine Einschätzung gewesen, die auch in Österreich durch statistische Fakten gestützt ist. Eine unkalkulierbare Ausnahmesituation wie die Coronapandemie ist da noch gar nicht eingerechnet.

Eigentlich ist es also zu früh, darüber zu sprechen, wie wir junge Menschen wieder für kulturelle Teilhabe, gesellschaftliches Engagement und zukunftsträchtige Visionen anzünden. Wir müssen uns darauf konzentrieren, wie wir sie zu selbstbewussten, freudvollen und vor allem gesunden Individuen machen. Wir müssen, so pervers das ist, erst mal jenen Kräften entgegenwirken, die krank machende Fehlentwicklungen im Bildungswesen befeuern. Am besten fangen wir beim bizarren Bildungsvergleich »PISA-Studie« an, dessen symbolische Strahlkraft für eine vollkommen unverhältnismäßige und vor allem undifferenzierte Beeinflussung der nationalen Bildungssysteme sorgt. Wie es so weit kommen konnte, dass die Hirngeburt praxisferner Bildungstechnokratie das Wertesystem des internationalen Schulwesens vereinnahmt, kann ich mir nur mit einer weit verbreiteten Hilflosigkeit in bildungspolitischen Fragen erklären. Damit sitzt die Bildungspolitik mit der Kulturpolitik in einem Boot. Das Instrument PISA-Studie der *OECD* könnte für viele Orientierungslose ein rettender Strohhalm gewesen sein. Ein Kompass, nach dem man das bildungspolitische Handeln ausrichten kann, ohne selbst Verantwortung für den Kurs übernehmen zu müssen. Auf diese Weise stehen wir vor der unbefriedigenden Situation, dass die renommierteste aller Bildungsstudien im Dreijahresrhythmus lieber standardisiert »mathematische Kompetenz«, »Lesekompetenz« und »naturwissenschaftliche Grundbildung« als kulturelles Engagement, Kreativität, Neugier, soziale Intelligenz, Beziehungs- und Empathiefähigkeit und Rechercheskills abprüft. In diesem Zusammenhang spricht die OECD immer wieder vom »Humankapital«, das es zu entwickeln gilt. Der Begriff »Humankapital« umschreibt im Wesentlichen den Pool an wirtschaftlich verwertbaren Fähigkeiten, die ein Mensch mitbringt. Die wirtschaftliche Verwertbarkeit von Kenntnissen wurde also zum internationalen Maßstab für bildungspolitischen Erfolg. Kulturelle Bildung spielt in dieser Verwertungslogik de facto keine Rolle.

Miese Ergebnisse in der PISA-Studie führen in der Regel zu einem medialen und damit auch politischen Erdbeben, das nicht die Erhebungsmethode erschüttert, sondern jene, die es nicht geschafft haben, der Erhebungsmethode gerecht zu werden. Deutschland verfiel 2000 bei der allerersten Studie sogar in einen »PISA-Schock«, der dazu führte, dass das Bildungssystem unter der Prämisse reformiert wurde, bei PISA besser zu performen. Mittlerweile liefern die deutschen Schüler:innen richtig solide ab, weshalb Deutschlands Bewältigungsstrategie im wahrsten Sinne des Wortes Schule gemacht hat. Das ist kontraproduktiv, weil unsere Kinder unter dem Deckmantel der Vergleichbarkeit in eindimensionale Bildungsschubladen gesteckt werden, die weder auf kulturelle Besonderheiten noch auf sozial nachhaltige Bewertungsdimensionen ausgerichtet sind.

Der Kampf gegen das kulturelle Bildungsversagen kann beginnen: Lasst uns Klartext reden!

Appell an alle Schüler:innen: Tretet nicht nur in den Klimastreik, sondern auch in den PISA-Streik. Das ist weder dumm noch asozial noch kontraproduktiv. Diese Studie wird weder eurer Individualität noch euren mannigfaltigen und deshalb so schwer fassbaren Talenten noch euren verborgenen Potenzialen gerecht. Sie dient nur dazu, jene zweifelhaften Bildungspraktiken zu stützen, die all diese Aspekte zu Nebenschauplätzen eurer menschlichen Reifung machen. DAS ist dumm, asozial und kontraproduktiv. Außerdem handelt es sich um eine Praxis, die einer konservativen Apathie Vorschub leistet: Eure Individualität, eure Talente und euer Veränderungsdruck machen dem System nämlich ziemlich viel Arbeit. Deshalb hat es sich so einen Unfug wie die PISA-Studie ausgedacht: PISA schiebt Verantwortung auf ein abstraktes Evaluierungsinstrument ab, das wiederum den Aufhänger liefert, um die Verweigerung eines kulturellen Bildungsbegriffs rational zu erklären.

Zwischentadel an alle Verantwortlichen in der Politik: Die Kapitulation vor PISA ist feige und kurzsichtig und eine mutwillige Schädigung unserer liberalen Demokratie, unserer Kulturnation, unseres Sozialwesens, unserer Volksökonomie und unseres inneren Friedens. PISA war überdies der Startschuss zu weiteren bildungspolitischen Rückschritten wie Projekte à la »Zentralmatura« bzw. »Zentralabitur« beweisen. Zur Erklärung für alle, die das Thema nicht am Schirm haben: Die Zentralmatura sieht eine bundesweite Standardisierung und zentrale Steuerung der Matura in Österreich vor, etwa durch einheitliche Aufgabenstellungen. Auf den ersten Blick klingt dieser Vorstoß sinnvoll, weil er es Lehrer:innen erschwert, ihre Schüler:innen durch Willkür und Beliebigkeit an einem raschen Übergang in ein Leben nach der Schule zu hindern. Auf den zweiten Blick ist die Zentralmatura aber eine Kapitulation vor der Unkontrollierbarkeit eines Amok laufenden Überprüfungsapparates namens Schule. Denn eigentlich ist eine individuelle Matura das beste Mittel der Evaluierung, das man sich vorstellen kann. Sie gibt Lehrer:innen Freiräume, die sich für ihr Fach und eine lebensnahe Vermittlung engagieren. Etwa, indem ungewöhnliche Fragestellungen, aktuelle gesellschaftliche Entwicklungen oder aber ein diskursives Element in die Prüfung einfließen – übrigens alles Säulen einer lebendigen Kulturlandschaft. Für die Schüler:innen, die sich von dem Feuer dieser Lehrer:innen haben anstecken lassen, ist eine individuelle Matura eine Methode, um Teilhabe, Offenheit, Neugier und Experimentierfreude zu belohnen. Doch anstatt das Gleichmachereiprinzip PISA zu hinterfragen und Willkür im Lehrkörper abzustellen, gehen die bildungspolitischen Entscheider:innen lieber in die Knie, weil es sonst Stunk mit der konservativen Lehrergewerkschaft geben könnte. Die wähnt sich nämlich stets an der »Bildungsfront«. Ihre Kampfmetaphern sind Sinnbild für die Feindseligkeit gegenüber dem eigenen Beruf, der eigentlich Berufung sein müsste. Dazu ein Zwischenbefund zur Lehrer:innenseele: In einer Studie der österreichischen *ARGE Burnout* aus dem Jahr 2019 wurde festgehalten, dass 14 Prozent der Lehrer:innen ausgebrannt seien. Jede:r siebente Lehrer:in falle in diese Risikogruppe, die wegen zu hoher Belastungen Symptome einer schweren Depression zeige. Auftraggeberin war die Pflichtschullehrergewerkschaft. Der Studienautor Erich Hotter legte sich damals wie folgt fest: »Der Lehrberuf ist – das kann man sicher sagen – gesundheitlich einer der riskantesten.«

Mit dieser Einordnung, die den Lehrberuf in Relation zu Gesundheits- und Pflegeberufen, Lebensmitteleinzelhandel, Schichtarbeit in der Industrie, miserabel bezahlten Reinigungskräften und vielen anderen hoch belasteten Berufsgruppen setzt, weckt die Studie unweigerlich Misstrauen. Sie nannte außerdem Belastungsgründe wie eine nicht zufriedenstellende Arbeitsplatzsituation, die sich unter anderem in einem hohen Homeoffice-Anteil bei Aufgaben abseits des Unterrichts oder einer mangelhaften Geräteausstattung manifestiert. Damit verknüpft sei auch eine Scheu der Lehrer:innen vor dem Thema Digitalisierung. Nun sind die Konditionen des Glücks ganz unterschiedlich. Dass derlei Unpässlichkeiten aber zu so substanziellen Sinnkrisen führen, dass sich ein strukturelles Problem mit schweren Depressionen auftut, ist nur schwer vermittelbar.

Dazu passend existiert eine Studie der Universität des Saarlandes. Ihr Ergebnis ist bemerkenswert, weil sie das Thema Burn-out und Lehrberuf in einen neuen Kontext setzt. Schuld am erhöhten Burn-out-Risiko sei nicht die belastende Arbeit, sondern der Umstand, dass der Standesnachwuchs bereits in der Zeit auf der Universität eine erhöhte Burn-out-Gefährdung aufweist. Ausschlaggebend dafür: Die nachrückende Generation hat die falschen Motive für die Wahl des Lehrberufs. Originalzitat der zuständigen Forscherin Julia Karbach auf der Onlineplattform des *Spiegel*:

»Wir haben festgestellt, dass Überzeugungstäter, die Lehrer um des Lehrens willen werden möchten, eher entspannt sind und kein übermäßiges Burn-out-Risiko tragen. Hingegen tragen diejenigen, die das Studium gewählt haben, weil sie davon ausgehen, dass es leichter ist als andere Studiengänge, ein höheres Burn-out-Risiko.«

Das bedeutet: Wir müssen jene aus dem Bildungssystem lotsen, die nur aus Bequemlichkeit Lehrer:in werden wollen, weil sie uns dreifach schaden.

Erstens: Sie schädigen das universitäre System, weil sie Ressourcen anzapfen, die bei gestaltungswilligen Menschen besser aufgehoben wären. Dieses Geld fehlt, wenn es darum geht, kulturelle Bildungsangebote von Grund auf zu entwickeln und anschließend flächendeckend im Schulwesen zu implementieren.

Zweitens: Sie schädigen unsere schulpflichtigen Kinder durch eine lustlose Arbeitshaltung, in der kulturelles Engagement als Zusatzbelastung und nicht als wertvolles Instrument für mehr Kreativität und Selbstwirksamkeit betrachtet wird. Zudem gilt bei Kindern der Lerngrundsatz »Do as I do«, also: »Mach's mir nach!« Wer Kindern Neugier und Lust auf kulturelle Teilhabe einimpfen will, muss diese auch vorleben.

Drittens: Sie schädigen unser Gesundheits- und Pensionssystem, indem die gefühlte Überforderung häufiger ins Burn-out und à la longue in den vorzeitigen Ruhestand führt.

Im Grunde sind die Studienergebnisse der Universität des Saarlandes aber eine gute Nachricht, denn sie sagen, dass wir nach wie vor handlungsfähig sind. Wir müssen jene befördern, die sich in das System begeben, um das System mit viel Optimismus von innen auszugestalten. Wir müssen also eine kulturell interessierte, diverse, idealistische, vernetzt denkende, humanistisch eingestellte, aufgeschlossene Lehrer:innenschaft unterstützen. Und wir müssen jene Nachwuchskräfte finden, die das Lehrer:insein per se als erstrebenswerte Tätigkeit empfinden, die also für einen Lehrberuf neuen Zuschnitts brennen.

An dieser Stelle eine Arbeitshypothese: Wir finden diese Menschen am besten, wenn wir gar nicht mehr so ein Theater um die Themen Pädagogik und Lehre machen. Womit wir zu konkreten Lösungsansätzen kommen.

Erstens: Die Ergreifung des Lehrberufs darf viel weniger als bisher die autarke Entscheidung eines:einer Interessent:in sein, dem:der nur halbherzige Kontrollmechanismen in den Weg gelegt werden. Wir müssen Anwärter:innen auf den Lehrberuf aktiv in die Ausbildung berufen, nachdem sie sich einem Auswahlverfahren gestellt haben. Dieses Auswahlverfahren muss sich von der Logik einer PISA-Studie emanzipieren und Aspekte wie kulturelle Teilhabe, Sensibilität für Diversität und Empathiefähigkeit berücksichtigen.

Zweitens: Wir entreißen den pädagogischen Hochschulen und den Lehramtsstudiengängen die alleinige Gate-Keeper-Funktion für den Lehrberuf. Parallel installieren wir ein Scouting-System, das kreative, weltoffene, lebensfrohe, motivierte Menschen abseits der Lehrer:innenausbildungsstätten identifiziert. Das Ziel muss sein, ebendiese Menschen für den Lehrberuf zu gewinnen.

Drittens: Als weitere Recruiting-Säule richtet das Bildungsministerium eine Plattform ein, auf der Bürger:innen Persönlichkeiten aus dem gesellschaftlichen Alltag für den Lehrberuf vorschlagen können. So werden Menschen angeworben, die abseits pädagogischer

Pfade Kompetenz angehäuft haben. Dadurch machen wir Bildung zu einem gemeinschaftlichen Anliegen, an dessen konkreter Ausgestaltung jede:r niederschwellig partizipieren kann. Das Beteiligungsprinzip dient auch als positiver Gegenentwurf zu digitaler Denunziation und Verhetzung.

Viertens: Wir überzeugen unsere Lehrer:innentalente mit Arbeitsplatzmodellen, die nichts mehr mit der eigenartigen Diskussion zu tun haben, ob Lehrer:innen zwei Stunden mehr oder weniger in der Klasse stehen oder ein eigenes Büro bekommen. Stattdessen greifen Teilzeitmodelle, dank derer die Talente mit einem Fuß in der Privatwirtschaft oder im Wissenschaftsbetrieb bleiben. Gleichzeitig sagen wir offen, was nicht geht: Zum Beispiel die Bereitstellung eines komfortablen Büroarbeitsplatzes mit schön viel Platz zum Korrigieren, weil das bedeuten würde, dass wir in dicht besiedeltem Raum mehrere Stockwerke auf bestehende Schulgebäude setzen müssten. Im Gegenzug bieten wir den Neolehrer:innen ohne Wenn und Aber zeitgemäße Ausstattung mit schnellen Laptops, mobilem Internet, Mobiltelefon und anderen Mobilgeräten, die den Wissensvermittler:innen der Zukunft erlauben, überall effizient und flexibel zu arbeiten.

Fünftens: Wir verabschieden uns von starren Lehrplänen und definieren mit jedem:jeder angeworbenen Wissensvermittler:in individuelle Ziel- und Leistungsvereinbarungen, die den jeweiligen Qualifikationen und Spezialgebieten entsprechen. Dabei obliegt es den Schulleiter:innen und ihrer standortspezifischen Expertise, schlüssige Querverbindungen zu fundamentalen Aspekten der Allgemeinbildung herzustellen. Am Ende eines Schuljahres erfolgt eine Evaluation der Lehr-Erfolge. Auf diese Art und Weise sind Lehrer:innen freier denn je – und gleichzeitig einem Kontrollsystem unterworfen, das der Individualität des Lehrpersonals genauso gerecht werden muss wie der Individualität der Schüler:innen.

Sechstens: Wir definieren kulturelle Bildung und Digitalisierung als die zwei großen Querschnittthemen des modernen Bildungssystems. Über kulturelle Bildung als inhaltlichen Überbau stellen wir sicher, dass jegliches Wissen vor dem Hintergrund vermittelt wird, dass es um eine Auseinandersetzung mit mir selbst, meiner Umwelt und der Gesellschaft als Ganzes geht. Fachwissen als Selbstzweck hat ausgedient. Künstlerische Ausdrucksformen können dieses Prinzip unterstützen. Indem wir die Digitalisierung befördern, stellen wir ein für alle Mal klar, dass es sich hierbei weder um ein isoliertes Fach noch um eine unverbindliche Erweiterung der klassischen Lehrinhalte handelt. Die Bewegung im digitalen Raum ist mittlerweile eine basale Kulturtechnik ähnlich dem Sprechen. So, wie wir im Schulbetrieb kein eigenes Fach »Sprechen« belegen, sondern in jedem Fach mittels Sprache kommunizieren, müssen wir auch Digitalisierung mit einer universellen Selbstverständlichkeit ausstatten. Dieses Beispiel ist insofern auch passend, als dass im Lichte von *Instagram*, *TikTok* und Konsorten Expert:innen immer häufiger von einem »postalphabetischen« Zeitalter sprechen. Dementsprechend wäre Digitalisierung auch integraler Bestandteil einer neuen Sprache, die universell funktionieren muss.

Der Fokus auf Kultur und Digitalisierung als Querschnittthemen des Bildungsbereichs kann natürlich Vorbildwirkung für den Kulturbetrieb haben. Auch hier weigert man sich beharrlich, digitale und kulturelle Realität als symbiotische Praxis zu leben.

Transformation? Nein, danke! Oder: das Digitaldesaster im Kulturbetrieb

Das Kultursystem hält nichts von Disruptionen. Es verharrt noch immer in einem sturen Kampf um Bestandswahrung und die Einzementierung alter hierarchischer Strukturen. Dabei werden Maßstäbe angelegt, die in einer entgrenzten, globalisierten, vernetzt denkenden Welt wie die anachronistischen Fantasien eines greisen Kulturhofrats anmuten. Zu diesen Fantasien gehören Kultureinrichtungen, die sich streng nach Genregrenzen ausrichten und jede Form von interdisziplinärer Erneuerung als Zugeständnis an die dumme Unterhaltungskultur stigmatisieren. Diese Fantasien schließen auch die Tabuisierung von längst überfälligen Diskussionen ein: Digitales darf als Marketingtool, aber nicht als eigenständiger Erlebnisraum gedacht werden, die Redimensionierung von Kulturstätten zugunsten neuer, dezentraler Räume ist Verrat an der Hochkultur, und wer behauptet, ein virtuelles Kulturerlebnis kann sehr wohl an ein haptisches heranreichen, gilt überhaupt als Banause. Dabei ignorieren die Kulturbewahrer:innen das entscheidende Erfolgskriterium für eine zukunftsfähige Kulturszene: nämlich die Einbindung junger Menschen und ihrer Expertise.

Diese Fehlentwicklung hat eine Geschichte, die von der »Seilschaft« direkt zu ihrem verjüngten Alter Ego, dem »Networking«, führt. Endlich, werden sich jetzt viele denken, endlich nimmt sich dieser Text die Social Networks zur Brust. Endlich kommt aufs Tapet, wie die Jugend vor *Facebook*, *TikTok* und Konsorten verblödet und mit ihrer gleichgültigen Abwesenheit die Auslastungszahlen der Kultureinrichtungen auf wacklige Füße stellt. Eine Jugend, die lieber einen *Instagram*-Post als eine Kulturglosse liest. Eine Jugend, die virtuos mit Smartphones hantiert, aber scheinbar zu dumm und ignorant ist, ein Onlineticket für ein reales Klassikkonzert zu lösen. Am Ende so eines Rundumschlags könnte die Conclusio stehen, dass Soziale Netzwerke und ihre Ausläufer Hauptschuld an der Relevanzkrise der Kulturlandschaft tragen, weil sie junge Menschen und damit potenzielle Nutzer:innen unserer Theater, Museen, Kulturzentren und Bibliotheken fernab der Kulturtempel isolieren und wertvolle Zeitressourcen bündeln.

Die Gültigkeit dieser These hätte für die Bewahrer:innen zwei angenehme Effekte:

Erstens: Der Eigenanteil an der Kulturmisere ließe sich relativieren, indem eine externe Macht auf den Plan getreten ist, die das Publikum der Zukunft mit unlauteren Mitteln okkupiert und fernhält.

Zweitens: Es wäre in so einer Welt nur konsequent, diese ominöse Macht zu marginalisieren. In den Führungsetagen der kulturellen Flaggschiffe – also dort, wo die Hybris blüht und gedeiht – geht man sogar noch einen Schritt weiter. Der hehre Kulturbegriff mit seinen elitären Dogmen muss die neuen Kräfte der Digitalisierung unterwerfen. Das Resultat: Social Networks dürfen gerne Öffentlichkeit für einen Kulturort herstellen – sie dürfen aber niemals selbst zum eigentlichen Kulturort werden. Um sich modern zu geben, wird eine Armada an unbezahlten Praktikant:innen beschäftigt, die jedes Konzert, jede Vorstellung und jede Lesung in eine *Facebook*-Veranstaltung verpacken dürfen. Quasi als Zugeständnis an eine neue Zielgruppe, die die großzügige Handreichung aber prompt mit Undank quittiert, weil sie einen Kulturabend auch dann noch uninteressant findet, wenn der Text aus dem gedruckten Programmheft mit Copy-and-paste in die Maske eines Social Networks überführt wurde. In diesem konservativen Hamsterrad bleibt uns nur eine Hoffnung: nämlich die, dass die Jugendlichen von heute möglichst bald Verantwortung im Kulturbetrieb von morgen übernehmen und alles auf den Kopf stellen.

Unsere einzige Chance: eine digitale Machtumkehr im kulturellen Generationengefüge

Junge Menschen sind die Vorbilder und nicht die Schutzbefohlenen im Umgang mit Sozialen Medien. Während sich bekannte Meinungsbildner:innen fortgeschrittenen Alters auf *Twitter* verbal die Schädel einschlagen und ihre affektgeladenen Ausfälle häufig mit nachträglichem Löschen und publicityträchtigem Entschuldigen ausmerzen müssen, begründen die Jungen auf alternativen Netzwerken neue popkulturelle Strömungen mit funktionierenden Wertschöpfungsketten. Sie verändern Ästhetik und Zeitgeist und vermischen diverse Ausdrucksformen zu vollkommen neuen Kulturgattungen und Genrebegriffen. Und sie schaffen es sogar, diese Innovationen in die echte Welt mit echtem Publikum zu übertragen: Die jungen Stars von *TikTok* gehen in der Hitparade auf Eins und verkaufen Konzerttickets. Sie greifen, anders als die hundertmillionste Inszenierung von Goethes »Faust«, die Lebensrealität junger Menschen auf und können diese ideelle Leistung auch zu Geld machen. Wem *TikTok*-Pop zu doof ist, kann auch in die Podcastwelt wechseln, wo die jugendlichen Talks abseits des linearen Hörfunks längst auch zu Tourneeprogrammen mit ausverkauften Sälen umfunktioniert wurden. Der spielerische Transfer zwischen Realität und den digitalen Plattformen läuft deshalb so gut, weil die jungen Protagonist:innen keine Sekunde an theoretische Diskurse und die eigene

Verortung in diesen Diskursen verschwenden, sondern die Grundausstattung kultureller Sprengkraft intuitiv richtig anwenden.

Erstens: Sie agieren immer tagesaktuell und sind deshalb überproportional relevant.

Zweitens: Sie scheren sich einen Dreck darum, ob ihnen jemand Deutungshoheit zuweist – sie nehmen sich ganz selbstverständlich das Recht heraus, Position zu beziehen.

Drittens: Sie agieren immer in einem globalen Referenzsystem, sodass ihre Auseinandersetzung mit der Welt ganz automatisch von Diversität geprägt ist.

Viertens: Sie sind mit einem sozialen Belohnungssystem konfrontiert, das kreative Ausdrucksformen in Form von Likes, Shares und positiven Kommentaren belohnt.

Fünftens: Sie sind dank der Undurchschaubarkeit der Algorithmen mit einer Fähigkeit vertraut, die sich die gut situierten Manager:innen der Kulturdinosaurier in Schulungen und Coachings erst mühsam antrainieren müssen: nämlich mit Agilität.

Kurz zusammengefasst: Die Jungen sind in ihrem Nutzungsverhalten streng funktional und haben erkannt, dass Social Networks eine überaus effiziente Möglichkeit der kreativen Echtzeitkommunikation bieten, die neben dem verschriftlichten Dialog und allerlei künstlerischer Ausdrucksformen von Fotografie bis Videokunst auch den Zusatznutzen eines kulturellen Überblicks im Rahmen einer selbst kuratierten

Timeline bietet. Zusätzlich sind Jugendliche und junge Erwachsene im Gegensatz zu ihrer Eltern- und Großelterngeneration vollkommen unsentimental. Während wir umständliche Formulare, Übergangsfristen und Zusatzkosten in Kauf nehmen, um etwas Profanes wie eine Rufnummernportierung in die Wege zu leiten, bloß damit wir nicht unsere liebgewonnene Handynummer verlieren, wechseln junge Menschen schnell und unkompliziert das Netzwerk. Das alte Profilbild wird nicht »portiert«, sondern bleibt am Friedhof der gehypten und anschließend abgestürzten Social Networks. Sie agieren deshalb so, weil das Neue noch bessere Möglichkeiten der sozialen, kulturellen und letztlich auch ökonomischen Vernetzung bietet. Wenn es eine nützlichere Plattform auf dem digitalen Markt gibt, ziehen die Jungen einfach weiter. Sie brennen nicht für digitale Angebote als Selbstzweck – sie nutzen sie pragmatisch für ihre kulturellen Bedürfnisse, die rein gar nichts mit dem verstaubten Kulturbegriff der Kulturtanker und Bestandswahrer gemein haben.

Und was ist mit Jugendlichen, die 16 Stunden am Tag auf Gaming-Plattformen verbringen und ihre sozialen Kontakte auf Chats mit Mitspieler:innen beschränken? Ist das etwa auch Kultur? Und sind das nicht die gleichen Jugendlichen, die früher in Gruppen auf den billigen Stehplätzen der Oper oder, etwas weniger hochkulturell, vor den Bühnen der autonomen Kulturzentren gestanden sind? Die Antwort lautet: Nein, nicht zwingend. Denn solche digitalen Exzesse sind keine Kulturtechnik, sondern eine moderne Interpretation der Verhaltenssucht. Seit ich als Lektor ein Buch des Psychiaters Kurosch Yazdi, Vorstand der Klinik für Psychiatrie am *Kepler Universitätsklinikum* in Linz, betreut habe, weiß ich, dass eine Sucht die Suche nach Beziehung ist. Wer also dafür brennen kann, 16 Stunden lang virtuelle Zombies mit Chat-Begleitung niederzuballern, könnte genauso gut für eine erfüllende Beziehung zu einem anderen Menschen oder zu einer Gruppe brennen. Dass die entsprechenden Beziehungsangebote im Kultur- beziehungsweise Bildungsbetrieb nicht ausreichend existieren, würde ich eher dem Umfeld der Jugendlichen und nicht den Social Networks anlasten.

Die Debatte um die Schädlichkeit von Digitalisierung für den Kulturbetrieb, etwa anhand der scheinbar absorbierenden Wirkung von Social Networks und ihren Medienkanälen von *IGTV* bis *YouTube*, lohnt sich nicht. Zumindest nicht in Bezug auf eine angeblich uninspirierte Jugend, die sich für nichts mehr interessiert und deshalb den gelernten kulturellen Orten fernbleibt. Was sich aber sehr wohl lohnt, ist eine Debatte über das Networking an sich – gerade in der Kulturszene, die sich zunehmend in einem intransparenten Netzwerk aus politisch besetzter Verwaltung, lustlos verwaltender Politik und uninspirierten Kulturmanager:innen verstrickt.

Unreif, aber alles andere als jung: die toxische Networking-Kultur der Alt-98er

Der altmodischen Seilschaft als Fundament für soziales Prestige, beruflichen Erfolg und gesellschaftlichen Einfluss haben wir uns bereits gewidmet. Sie ist ein Phänomen, das sich in der Generation 50 plus ansiedeln lässt – also in einer Generation, die heute überproportional in den Führungsetagen der großen Kulturinstitutionen vertreten ist. Dort gibt es noch für jedes Problem eine dazugehörige Visitenkarte, deren Kontaktdaten man kurz darauf in ein Telefon oder in eine Tastatur hackt. Im Idealfall ist das Problem dann schnell gelöst, weil jemand jemanden kennt. In einer weit fortgeschrittenen Ausbaustufe nennt sich dieses Vorgehen »Freunderl-« oder »Vetternwirtschaft«. Derartige Exzesse sind ein Riesenproblem. Vor allem dann, wenn die Vertrautheit der »Netzwerker:innen« auf gemeinsamen Saufgelagen, Parteizugehörigkeit oder einem unlauteren Personaldeal beruht. Wir müssen aber auch ehrlicherweise festhalten, dass diese Form von Networking an der einen oder anderen Stelle einen Bedeutungsverlust erleidet. Das haben wir den immer strenger werdenden Compliance-Richtlinien, guter Investigativarbeit und einem erpresserischen Tool namens Handy mit 12-Megapixel-Kamera und 128-Gigabyte-Speicher zu verdanken.

Vielleicht noch interessanter ist daher die erwachsene Networkingkultur, die sich in den letzten 25 Jahren im angeblichen Jugendmedium Internet etabliert hat. An dieser Stelle müssen wir eine neue Generation einführen, die »Alt-98er« als Nachfolger der Alt-68er. Aus dieser Generation stammen die Helden der New Economy. Das renommierte Wirtschaftsmagazin *brand eins* benannte die Kennzeichen dieser Generation im Jahr 2015 folgendermaßen: Träume, Netze, Experimente und Spaß.

Ja, die Alt-98er wussten, wie man es krachen lässt. Sie hatten leichtes Spiel, weil sie sich als erste einer Technologie bedienten, die frühere Generationen weder kannten noch kapierten. Deshalb konnten sie unbehelligt das Wort »Revolution« in den Mund nehmen, natürlich nur mit dem Zusatz »digitale«, aber immerhin. Sie durften von Demokratie sprechen, von Chancen, von Umbruch, von einer neuen Ordnung, ja sogar von einem neuen Kulturbegriff. 30 Jahre nach den gesellschaftlichen Revolten der 1960er gab es endlich wieder eine »Bewegung«, die sich auf die Fahnen heftete, festgefahrene Strukturen in allen gesellschaftlichen Bereichen zu pulverisieren. Was die lieben Alt-98er aber unterschätzt hatten, waren die Trittbrettfahrer. Der Veränderungsanspruch der New-Economy-Avantgardisten erschuf ein Lifestylekonzept, das haufenweise Wichtigtuer, Dummschwätzer und Pseudokreative anzog. Diese Typen wollten mit Mitte 20 einen gut klingenden Jobtitel, sehnten sich nach schicken Outfits, träumten von einem Leben mit Jetlag und drängten in die frisch renovierten Fabriklofts, wo bunte iMac-Standgeräte von einer spaßzentrierten Kreativwelt zeugten. Der Kern der Sache – das Werken an einer digitalen Zukunft, die eine neue, bessere Weltordnung mithilfe kooperativer Kulturtechniken herstellt – war diesen Nachahmertypen komplett egal. Sie waren aber so viele und der Output der digitalen Denkschmieden war so vielversprechend, dass es irgendwann keine Abgrenzung mehr gab. So wurde aus der New Economy eine Dotcomblase. Jene, die authentisch für die Kulturrevolution gebrannt hatten, gingen mit den Aktienkursen ihrer Start-ups und den aufgelösten Bausparverträgen der euphorisierten Kleinanleger:innen unter. Die Mitläufer:innen der Bewegung verkrafteten nur schwer, dass der Hype vorbei war. Immerhin verfügten sie über ein neues Medium. Sie verlagerten ihren ausgehöhlten Revolutionsgeist in das sogenannte Web 2.0. Dort legten sie dieselbe geistige Faulheit und dieselbe dreiste Übergriffigkeit wie bei der Kaperung der New Economy an den Tag. Sie etablierten fortan eine neue Networkingkultur, die ein Maximum an moralischer Arroganz und Blendertum mit minimalem Arbeitsaufwand legitimieren sollte.

Wovon hier konkret die Rede ist?

Zum Beispiel von westlichen Protestbewegungen im Netz. Anfang 2015 trauerte die Welt um elf Mitarbeiter der französischen Satirezeitschrift *Charlie Hebdo* und einen Polizisten, die am 7. Januar 2015 von islamistischen Terroristen wegen Mohammed-Karikaturen niedergemetzelt worden waren. Trauern ist in diesem Fall wirklich angebracht. Wut ebenfalls. Denn die Ermordeten haben jungen Menschen vorgelebt, wie man für die streitbaren Ziele eines kritischen Kunstbegriffs brennt. Trotz heikler politischer Großwetterlage, trotz massiver Drohungen, trotz eines Brandanschlags im Jahr 2011 nach einem Sonderheft unter dem Titel »Scharia Hebdo« ließen sich die Zeitungsmacher:innen ihre Lust auf Satire, ihr Recht auf freie Meinungsäußerung und die viel beschworene Freiheit der Kunst nicht nehmen. Sie waren dabei gelegentlich geschmacklos, oft auch witzig. Sie waren aber vor allem anarchistisch genug, dass sich ein paar Religionsfanatiker davon provozieren ließen.

Und was machen die Alt-98er-Social-Networker – unter ihnen zahlreiche Künstler:innen, Kulturschaffende, Intellektuelle und ihr Publikum – nach diesem grauenhaften Terrorakt? Sie sagen nicht »Ich bin traurig« oder »Ich bin wütend«. Sie schreiben: »Je suis Charlie« – »Ich bin Charlie«. Das nennen sie dann Solidarität.

Okay, Leute, jetzt mal geradeheraus: Ihr seid nicht Charlie, und dass ihr behauptet, Charlie zu sein, ist eine Anmaßung. Habt ihr euch schon mal im Gewand des kulturellen Ausdrucks mit religiösen Fundamentalisten angelegt? Habt ihr mit künstlerischen Inszenierungen in Kauf genommen, dass ihr und eure Familien in Lebensgefahr seid? Habt ihr jemals so für eine künstlerische Überzeugung gebrannt, dass ihr auch dann weitergemacht hättet, wenn man euch die Bude anzündet?

Haben eure Inszenierungen, Ausstellungen, Produktionen und Texte ein Maß an Zivilcourage an den Tag gelegt, dass an einen Spaziergang nur mit Polizeischutz zu denken war?

Nein?

Überhaupt kein Problem.

Aber dann schreibt nicht so einen Unfug wie »Je suis Charlie« und verkauft diese Selbsterhöhung im Netz nicht auch noch als aufrührerischen Akt der Solidarität.

Ich behaupte: So sieht das aus, wenn eine wohlstandsverwahrloste Bürger-Boheme ihren Kleingeist mit Pseudoaktionismus kaschieren will und vorgibt, für eine große Sache ins Feld zu ziehen. Diese Art von Simplifizierung ist Gift für die hehren Ziele, die Kunst und Kultur als Speerspitzen des Humanismus eingeschrieben sind. Alles, wofür es sich in der Kultur zu kämpfen lohnt und wofür aufrichtige Haltung Grundbedingung ist – Diskurs, Freiheit, Selbstverwirklichung, Fortschritt –, all das soll es nun für umsonst beziehungsweise für ein eingefärbtes Profilbild geben?

Den Jungen können wir so eine kollektive Lebenslüge nicht umhängen. Sie haben sie weder erfunden noch spielt sie eine entscheidende Rolle in der Jugendkultur. Bei den Alt-98ern sieht die Sache etwas anders aus, was sich auch an den Aushängeschildern ihrer Bewegung ablesen lässt.

Ein apokalyptischer Vorreiter namens *Napster* – ein Beispiel dafür, wie Kultur keine oder die falschen Rückschlüsse zieht

Sean Parker ist eine Ikone der Alt-98er und in der Legende der frühen Digitalkultur, ein Rudi Dutschke der New Economy. 1999 war Sean Parker Mitbegründer der Musik-Downloadplattform *Napster*, die den Marktwert von geistigem Eigentum auf eine apokalyptische Talfahrt mit verheerenden Folgen für einen ganzen Kulturzweig und seine Akteur:innen schickte. Während man einen geldgierigen Bankräuber als Verbrecher einstuft, verkauften Parker und Konsorten ihren gigantischen Digitalklau als Akt der kulturellen Befreiung. Das Stichwort lautete »Peer-to-Peer«. »Peer« ist Englisch und heißt »Gleichgestellter«. Peer-to-Peer-Plattformen wie *Napster* standen technisch gesehen für Querkommunikation in einem Computernetz. Sie suggerierten aber ganz bewusst die Idee eines kulturellen Austauschs »unter Gleichen« und damit die Idee einer Demokratisierung von kulturellen Gütern. Das Konzept von *Napster* kaperte ein Feld, in dem Produzent:innen und Konsument:innen erprobte Verbindlichkeiten eingegangen waren, um sich gegenseitig zu stützen: Der Musikfan kriegt Musik, der:die Musiker:in kriegt Kohle. In dieses Feld drangen Leute wie Sean Parker dank ihrer technischen Überlegenheit ein und befeuerten eine Community, deren Beziehung zu Musik auf einem Festplattenportfolio mit wahllos heruntergeladenem

MP3-Müll beruhte. *Napster* verkaufte die ökonomische Verwüstung einer ganzen kulturellen Sparte in den Grauzonen des Rechts als Akt der Befreiung. Private Rechner, die wie eine Datenguerilla miteinander kommunizierten, stützten diese romantisierte Legitimation. Heute gibt es für solche akkordierten Attacken ein Wort: »Cyber War«.

Die Generation der Alt-98er hätte aus den Erfahrungen der Musikbranche lernen können. Ihre Vertreter:innen im Kulturbetrieb – die Manager:innen, Gremienmitglieder, politischen Entscheider:innen, Verwaltungsmitarbeiter:innen, Ausbildungsbetriebe, Mitglieder des künstlerischen Personals – hätten die konkrete Erfahrung einbringen können, dass die Beifahrer:innenrolle im Prozess der Digitalisierung eine existenzielle Gefahr darstellt. Und sie hätten anhand der Wiederauferstehung der Musikbranche die Gewissheit vor Augen gehabt, dass mit der Ochsentour der Veränderung und einer ernsthaften Digitalstrategie ein zukunftsfähiges Modell für Kulturgüter machbar ist. Stattdessen geben sich maßgebliche Akteur:innen des Kulturbetriebs bis heute der Illusion hin, dass das destruktive Potenzial einer passiven Digitalisierung mit der Auslöschung der »alten« Musikindustrie abgefrühstückt ist. Sie halten ihre Bühnen, Ensembles, Orchester und Kunstwerke, ihre klassischen Stoffe und Gattungen, insbesondere aber ihre konservativen Rituale und Inszenierungen für unantastbar. Nur dass die Jugend wegbleibt, sorgt ein bisschen für Verwunderung. Die Erfahrungen der Musikindustrie sind in dieser Logik nicht mahnender Ansporn, sondern Wahrheitsbeweis dafür, dass man der Digitalisierung besser nicht über den Weg traut.

Was die Silberrücken der Kulturszene aber definitiv mit Sean Parker gemein haben, ist ihre Fähigkeit zur dreisten Umdeutung. In harmlosen Fällen bedeutet das, dass himmelschreiende Banalität in einen bedeutungsschwangeren Akt des kulturellen Ausdrucks uminszeniert wird. Im schlimmsten Fall werden sexistische Übergriffe wie jene des Dirigenten und Intendanten Gustav Kuhn oder des Ex-Burgtheaterchefs Matthias Hartmann zu skurrilen Flausen eines genialen Maestros stilisiert. Seit Kurzem gilt: Nur so lange, bis mutige junge Meinungsbildner:innen im Gewand einer kulturellen Digitalbewegung und im Stil von #MeToo zurückschlagen.

Eine Gruppe hält also dagegen: die viel gescholtenen Jugendlichen. Sie sind die erste Generation, die den digitalen Lifestyle als Teil der kulturellen DNA in sich trägt. Die Realität lehrt uns, dass sie diese Identität wesentlich klarer denken lässt, als es den Alt-98ern lieb ist. Sie wechseln das Social Network, wann immer sie Lust darauf haben, und strafen die Architekt:innen eines rückwärtsgewandten Kulturbetriebs mit eiskalter Ignoranz ab. Die soziale Erwünschtheit eines Theater- oder Konzertbesuchs ist ihnen fremd und ihr Musikgeschmack orientiert sich nicht mehr an der Plattensammlung der Eltern, sondern an einer intelligenten Playlist, die sich aus den eigenen Bedürfnissen und

Stimmungen speist. Diese Generation emanzipiert sich von elitären Wertungsexzessen. Sie findet ihr Heil gleichermaßen in Street-Art auf *Instagram* wie in Werken großer Bildender Künstler:innen. Sie agiert in vielerlei Hinsicht selbstbestimmt und ist damit die Erfolgsstory eines neuen Kulturbegriffs. Ihre Ankunft in den Sphären des Kulturbetriebs wird sehnsüchtig erwartet. Auch deshalb, weil sie sich vom Konservatismus der Generaldirektor:innen, Starkurator:innen und Kammerschauspieler:innen nicht mehr blenden lässt.

Diese jungen Menschen sind unabhängiger und in ihrer Unabhängigkeit gnadenlos neugierig. Mit ihrer Neugier führen sie uns schmerzlich vor Augen, was dem institutionalisierten Kulturbetrieb fehlt.

Plädoyer für eine Renaissance der Neugier

Als ich vor rund zehn Jahren nach Mannheim ging, um die Leitung eines Kulturzentrums zu übernehmen, wurde ich in den vielen Erstgesprächen mit einer für mich ungewohnten Haltung konfrontiert. Anstatt die Errungenschaften der regionalen Kulturlandschaft anzupreisen und mir Ratschläge zu geben, wie ich mich idealerweise einfügen könnte, stellte man mir sehr viele Fragen. Die Menschen erforschten die Motive, die mich an diesen Ort gebracht hatten. Sie erkundigten sich nach meinen ersten Eindrücken zur freien Szene, zur Theaterlandschaft und zu den hier ansässigen

Museen. Sie wollten sofort wissen, welche kulturellen Rückschlüsse ich aufgrund des Vergleichs zwischen Österreich und Deutschland zog und welche Konzepte aus Wien oder anderen österreichischen Kulturhochburgen sich vielleicht für die Region adaptieren ließen. Sie luden mich zu unterschiedlichen Netzwerktreffen ein und strichen mich auch dann nicht von der Einladungsliste, wenn ich gelernte Maßnahmen hinterfragte und stattdessen neue Vorgehensweisen vorschlug. Als ich vom baden-württembergischen Mannheim in die rheinland-pfälzische Nachbarstadt Ludwigshafen wechselte, um einen großen Kulturverbund zu übernehmen, wiederholte sich dieses Spiel. Die Neugier gegenüber meiner Person und dem damit verbundenen Erfahrungshorizont erwies sich nicht als punktuelles Phänomen, sondern als Haltung.

Wenn ich Bekannten aus der Wiener Kulturszene von diesen neuen Eindrücken erzählte, bekam ich häufig die Rückmeldung, dass das für sie keine Überraschung sei. Schließlich sei es wirklich verwunderlich, dass man aus der schönsten Stadt der Welt, also Wien, nach Mannheim geht. Und selbstverständlich wolle man dann, wenn sich schon mal die Gelegenheit bietet, Expertise von der wichtigsten Kulturmetropole Europas, also wieder Wien, abgreifen.

Ich wäre ja nach 30 Jahren Wien-Sozialisation geneigt gewesen, meine Rolle als Kulturkolonialist und -entwicklungshelfer anzunehmen, wären da nicht Eindrücke gewesen, die mich an der Rückständigkeit des deutschen Kulturbetriebs zweifeln ließen. Ich erlebte – fernab von Berlin, Hamburg und München – eine Kumulation der kulturellen Exzellenz. Da war das *Nationaltheater Mannheim*, das mit den »Internationalen Schillertagen« zur Avantgarde des deutschsprachigen Theaters zählt, und jenseits des Rheins das Ludwigshafener *Theater im Pfalzbau*, das damals als wichtigstes Gastspielhaus in Süddeutschland vom legendären Regisseur Hansgünther Heyme geleitet wurde. Mit der »Biennale für aktuelle Fotografie« und »Enjoy Jazz« gab es zwei Festivals, die in ihrer Sparte zur bundesweiten Spitze zählten und sich als strategische Drei-Städte-Kooperation zwischen Mannheim, Ludwigshafen und Heidelberg positioniert hatten. Zusätzlich war da eine enorme Museumsdichte mit wegweisenden Neubauten wie der *Kunsthalle Mannheim* und eine freie Szene, die vor allem in den Bereichen Performance und Tanz für internationales Aufsehen sorgte. Mit dem »Festival des Deutschen Films Ludwigshafen« beheimatete die Region Deutschlands zweitgrößtes Cineasten-Event nach der »Berlinale«. Durch die *Popakademie* hatte der Standort Mannheim eine Hochschuleinrichtung mit Pionierrolle für institutionalisierte Ausbildungsmodelle rund um zeitgenössische Populärkultur und Weltmusik, die sich auch in der Bestellung von Deutschlands erstem kommunalen Popbeauftragten niederschlug: De facto wird seit 2003 von Mannheim aus eine Heerschar an Musiker:innen und Manager:innen für das gesamte Spektrum der Popkultur ausgebildet.

Ich erzähle das nicht, weil ich als Art Gegenbewegung zum Wiener Selbstbewusstsein ein kulturelles Gefälle in Richtung Wien herbeischreiben will. Das wäre eine Verkehrung ins andere Extrem. Es geht um einen realistischen Blick auf sich selbst und die eigene Position im internationalen Gefüge, den ich anhand meiner Erfahrungen schärfen will. Dieser realistische Blick bedeutet für Wien lediglich, dass es in Zukunft um eine kulturelle Wahrnehmung auf Augenhöhe geht. Und diese Augenhöhe bezieht auch viele andere Städte und Regionen ein. Wien ist kein einsamer Leuchtturm der deutschsprachigen Kulturszene und wird auch nicht (mehr) als ein solcher wahrgenommen. Wien befindet sich in einem ausgeglichenen Wettbewerb um ästhetische Avantgarde, politische Relevanz und kommerzielle Bedeutung, die den gesamten deutschsprachigen Raum, teilweise sogar ganz Europa, einschließt. Und Wien läuft Gefahr, in diesem Wettbewerb ins Hintertreffen zu geraten, weil die Stadt und ihre Akteur:innen einen ungesunden Tunnelblick entwickelt haben.

In diesem Sinne musste ich eine eigene Interpretation der deutschen Neugier entwickeln, die da lautet: 80 deutsche Großstädte mit über 100.000 Einwohner:innen haben zu einer beeindruckenden kulturellen Vielfalt und damit auch zu einem harten Wettbewerb im Kulturbetrieb geführt, bei dem – ganz pragmatisch gedacht – jeder Input helfen kann, einen Kompetenzvorsprung aufzubauen. Die meisten dieser großen

Kommunen betreiben eigene Stadttheater, Museen, Orchester und Kulturzentren, von denen viele auf einem bemerkenswerten Niveau produzieren. Um beim Beispiel Mannheim und seinem Nationaltheater zu bleiben: In unmittelbarer Umgebung kann sich das Publikum auch Eigenproduktionen am *Staatstheater Stuttgart*, dem *Schauspiel Frankfurt*, dem *Badischen Staatstheater Karlsruhe*, dem *Staatstheater Mainz*, dem *Theater Heidelberg* und den *Nibelungenfestspielen Worms* ansehen. Daraus ergibt sich eine komplexe Dynamik der Besucher:innenströme, die zu einer Vielfalt auf hohem Niveau führt.

Zusätzlich hat ab Mitte der 1990er die Bildung von »Metropolregionen« mit gemeinsamen Produktions- und Vermarktungsplattformen den kulturellen Wettbewerb nochmals auf positive Art und Weise befeuert. Beispiele für solche ideellen Konstrukte sind die Metropolregion Rhein-Ruhr mit den Aushängeschildern Köln, Düsseldorf, Dortmund und Essen, die Metropolregion Nürnberg mit Fürth, Erlangen, Bamberg, Bayreuth und natürlich Nürnberg selbst oder eben die von mir beschriebene Metropolregion Rhein-Neckar rund um die Städte Mannheim, Ludwigshafen, Heidelberg, Worms und Speyer. Mit diesen multiurbanen Ballungszentren sind neue Kulturräume inklusive einem potenziellen Millionenpublikum und einer optimierten Ressourcenlage entstanden. Sie bilden ebenbürtige Konterparts zu den Monolithen Berlin, Hamburg und München, die sich ihrerseits auch wieder mit eigenen Konstruktionen, wie etwa der Metropolregion Berlin-Brandenburg, verstärkt haben. Innerhalb der Metropolregionen gibt es strategische Absprachen zum Kulturprogramm, wodurch sich die einzelnen Institutionen nicht nur als inhaltliche Einzelkämpfer:innen mit künstlerischem Gemischtwarenladen, sondern insbesondere auch als Teil eines orchestrierten Netzwerks mit Chancen auf klare Alleinstellungsmerkmale für die einzelne Institution sehen. Aus den bewährten Schulterschlüssen gehen wiederum Initiativen wie »Ruhr.2010« hervor, bei der sich Essen mit 52 weiteren Städten im Rücken als Aushängeschild für eine Bewerbung zur Kulturhauptstadt Europas positionierte. Durch die Regionallösung verschob sich der Festivalcharakter eines Kulturhauptstadtjahrs hin zu einer koordinierten Etablierung nachhaltiger Strukturmaßnahmen mit europäischer Finanzierungsperspektive, einer Ansprache von vollkommen neuen Besucher:innenströmen inner- und außerhalb der Region und langfristigen Qualitätssprüngen im kulturellen Angebot. All diese Entwicklungen werden von überregionalen Thinktanks wie der *Bundeszentrale für politische Bildung* oder der *Kulturpolitischen Gesellschaft*, die zahlreiche Regionalgruppen in ganz Deutschland hinter sich weiß, reflektiert und mit Diskussionen, Thesen und Handlungsempfehlungen begleitet.

Die Neugier, die ich in Deutschland zu Beginn meiner Aufgaben erlebt habe, entsprang also nicht einer ziellosen Höflichkeit im interkulturellen Dialog mit einem Österreicher. Sie war vielmehr eine Sondierung von Chancen. Chancen, die man für den eigenen Kulturraum nicht verstreichen lassen wollte, weil man sich eben nicht per se als Maß aller Dinge, sondern als ambitionierter Kulturstandort in einem harten überregionalen Wettbewerb versteht. Dieses Verständnis führt zu einem stetigen Entwicklungs- und Veränderungsdruck, dem sich Deutschlands Kulturlandschaft freiwillig und mit einer ordentlichen Portion Neugier aussetzt.

Was ich im scheinbar banalen Prozess der beruflichen Akklimatisierung gelernt habe, war für mich tatsächlich eine Initiation in der Analyse kultureller Prozesse. Am Beginn stehen die Neugier und das Wissen, dass Relevanz nicht in Stein gemeißelt und immer wieder neu erkämpft werden muss. Daraus entsteht der Antrieb für einen niemals endenden Weiterentwicklungsprozess, der nicht einmal vor historischen Konstrukten wie Stadt- oder Bundeslandgrenzen haltmacht. Und aus der Anerkennung solcher Notwendigkeiten resultiert wiederum eine permanente Handlungsfähigkeit in kulturellen Transformationsprozessen. Diese Handlungsfähigkeit verstärkt Erfolge – zum Beispiel Fortschritte bei kultureller Teilhabe, Diversität und Digitalisierung – und macht sie für andere Kulturräume nachvollziehbar. Sie identifiziert aber auch Misserfolge – zum Beispiel Nachwuchsprobleme, toxische Führungsstrukturen und Finanzierungsdefizite – und hebt sie auf die Ebene einer strategischen Auseinandersetzung und Kompensation. Der vielleicht wichtigste

Lerneffekt aus österreichischer Perspektive war aber: Die Trias aus Neugier, operativer Weiterentwicklungskompetenz und Handlungsfähigkeit steht über der Tradition. Im Lichte des Veränderungsdrucks, den uns Globalisierung und Digitalisierung Hand in Hand zumuten, sind vergangene Errungenschaften kaum mehr etwas wert – weil jene, die solche Errungenschaften anbeten, schlicht und ergreifend wegsterben und keine anbetungswürdigen Strukturen für die nächsten Generationen nachrücken. Konkret bedeutet das für den österreichischen Kulturbetrieb, dass wir das Herbert-von-Karajan-Gustav-Klimt-Oskar-Werner-Wolfgang-Ambros-Idyll endlich hinter uns lassen und neue Säulenheilige zulassen müssen. Die neuen Säulenheiligen sind keine Sonnenkönige in den Führungsetagen, sondern Handlungsprinzipien wie Internationalisierung, Erneuerung, Digitalisierung, Kooperation, Vernetzung, Ehrgeiz und eben Neugier.

Dass solche Bedarfe die Ebene des Abstrakten verlassen und längst den Status einer Überlebensstrategie erreicht haben, zeigen uns die schmerzlichen Erfahrungen aus der Coronakrise. Am Ende eines zähen Lockdowns durften die Kultureinrichtungen wieder öffnen und erwarteten einen noch nie dagewesenen Ansturm. Der Ansturm blieb aus. Matthias Dusini, Feuilletonchef der Stadtzeitung *Falter*, trug dazu im November 2021 folgende Analyse bei: »Neben den gesundheitlichen gibt es auch kulturelle Gründe dafür, dass die Menschen nicht mehr zurück ins Entertainment finden. Der Lockdown führte bei manchen zu einem Sofagewöhnungs- oder Cocooningeffekt und zur Einsicht: Zuhause ist es doch am schönsten. Sich nach der Arbeit umziehen, um auszugehen – echt jetzt? Die von der Politik gern zitierte Formulierung von der Kultur als Lebensmittel hat ein Ablaufdatum. Zuerst kommt das Popcorn-Fressen, dann das Theater-Abo.«

Matthias Dusini hat recht. Es gibt kulturelle Gründe, warum die Menschen nicht zurück in die Theater und Konzert-Locations finden. Es wäre aber höchste Zeit, die Schuld nicht beim dummen, faulen, popcornfressenden Publikum zu suchen, sondern bei den Kultureinrichtungen, deren Versagen als »Fünfte Gewalt« in einer der schwersten zivilisatorischen Krisen der jüngeren Geschichte Spuren hinterlassen hat. Anstatt »die Gesellschaft und das Denken der Menschen in ihrer Komplexität und Vielfalt darzustellen« – so eine Formulierung des Sozialforschers Christoph Hofinger in derselben Ausgabe des *Falter* –, übte man sich plötzlich in einem Pragmatismus, der in Analysen rund um einen modernen Kulturbetrieb bislang fehlte. Man nutzte die Zeit zum Umbauen (*Burgtheater*) oder zum Vorproduzieren (*Theater in der Josefstadt*). Dass nicht einmal ein Ausnahmezustand wie eine Pandemie dazu führt, dass arrivierte Kulturbetriebe vor lauter Neugier formale, mediale und gesellschaftliche Schranken niederreißen, ist ein existenzielles Alarmsignal.

Die österreichische Variante von Neugier: Kenn ma ned, brauch ma ned, hamma schon!

Falco hat es wie kaum ein anderer verstanden, seine Ambivalenz zu Österreich und der dort ansässigen Kulturszene in Worte zu fassen. In seinem Text »Egoist« heißt es: »Wos is er denn, wos hat er denn, wos kann er denn, wos mocht er denn, wos redt er denn, wer glaubt er, dass er is.« Nachdem Falco einen Nummer-eins-Hit in den USA, Großbritannien und Deutschland gelandet und mehrere internationale Tourneen hinter sich gebracht hatte, interessierte sich seine Heimatstadt nach der ersten Euphorie weniger dafür, was dieser Hans Hölzel aus Wien-Margareten richtig gemacht hatte. Sie interessierte sich vielmehr für die Relativierung des Erfolgs, um die eigenen Maßstäbe und Leistungen, die an der Landesgrenze endeten, nicht hinterfragen zu müssen. Die artifizielle Arroganz der Kunstfigur Falco begegnete der kulturellen Arroganz der daheim gebliebenen Weggefährten, die sein Agieren als kommerziellen Dreck und Kapitulation vor dem Musikbusiness schlechtredeten.

Die Mentalität, Erfahrungen »von außen« als irrelevant oder gar minderwertig abzutun, prägt bis heute die österreichische Kulturszene. Sie begegnet einem immer da, wo der Status quo hinterfragt wird oder durch neue Konzepte ergänzt werden soll. Besonders heftig fällt der Widerstand aus, wenn ein:e neue:r Spieler:in auf den Plan tritt, der:die noch keinen lokalen

Stallgeruch vorweisen kann. Als der belgische Kurator Christophe Slagmuylder 2018 in einer Nacht- und Nebelaktion von Brüssel nach Wien übersiedelte, um nach der Abberufung von Tomas Zierhofer-Kin die *Wiener Festwochen* zu übernehmen, brauchte er gerade mal ein paar Wochen, um im Interview mit dem Nachrichtenmagazin *Profil* festzuhalten: »Ich fühle mich als Fremdkörper. Vielleicht sollte ich das ausnützen, um zu hinterfragen, was bisher üblich war.« Und: »Viele Leute raten mir, dass ich aufpassen solle, was ich sage. Wien sei ein schwieriges Pflaster. Menschen, die vordergründig nett wirken, würden einem in den Rücken fallen.« Bereits ein Jahr später meinte er im *Standard*: »Die internationale Ausrichtung fehlt!« Er bezog das just auf die Darstellenden Künste, in denen sich Wien seit jeher an der Weltspitze wähnt. Doch man muss sich gar nicht auf hochkulturelle Formate wie die *Wiener Festwochen* beziehen, um Slagmuylders Befund zuzustimmen. Just anhand von Falcos Kerngeschäft, der Popmusik, lässt sich beispielhaft erklären, welche Probleme der Stillstand durch Absenz von Neugier, Strategie und internationaler Ausrichtung nach sich zieht.

Erstens: Er verhindert strukturelle Reformen, die Kulturschaffenden eine künstlerische und ökonomische Perspektive geben. Dabei spielt gerade in der Popkultur ein beispielhaftes Missverständnis namens »Kunst gegen Kommerz« eine fatale Rolle. Die zeitgenössische Musikszene in Österreich besteht noch immer auf einer Entscheidung zwischen »gut« und »böse«, zwischen

Qualität und Unterhaltung, zwischen Subkultur und Mainstream. Dementsprechend segmentiert die Szene alle Angebote in undurchlässige Blasen und konterkariert den zentralen Zweck von Kunst: Integration. In Österreich manifestiert sich dieses Dilemma prototypisch am Verhältnis von *FM4* und *Ö3*, deren unbestrittene Stärken sich in eine ungesunde Hybris pervertiert haben. Auf der einen Seite eine Jugendredaktion mit Sesselkleberprotagonist:innen jenseits der 50, die sich ob ihres ohne Zweifel großartigen Musikgeschmacks leider als Stilpolizei geriert und »ihren« Bands ein kindisches Indie-Bekenntnis abverlangt – ein Bekenntnis, das im Übrigen kaum ökonomische Substanz hat, weil der Sender mit seiner Minireichweite keine substanzielle Musikwirtschaftsförderung betreiben kann. Auf der anderen Seite ein Formatradio, das sein handwerkliches Geschick und den Zugriff auf das internationale Hitrepertoire für eine popkulturelle Königsmachermentalität missbraucht, die der Nachwuchsszene eine berechenbare Perspektive raubt. Junge Popkünstler:innen aus Österreich sind zu einer absurden Entscheidung verdammt: Entweder sie entscheiden sich anhand vager Kriterien für das Publikum und werden von der Stilpolizei verstoßen oder sie entscheiden sich für die hehre Kunst und verhungern. Dass so eine Binnenscheidung nahezu grotesk ist, zeigen uns Europas wichtigste Popmusikmärkte Großbritannien und Deutschland. Würde man in England die Zuordnung zu den Radiosendern *BBC 6*, *BBC 2* und *BBC 1* als stilistische Glaubensfrage mit dogmatischer Abgrenzungspolitik diskutieren, würde man wohl für popkulturell unzurechnungsfähig erklärt werden. Auch in Deutschland sind Sendergruppen wie *DASDING*, *SWR 3* und *SWR 1* im *Südwestrundfunk* oder *MDR Sputnik* und *MDR Jump* im *Mitteldeutschen Rundfunk* auf strategische Verzahnung und nicht auf Abgrenzung ausgelegt. Bands werden dabei in verschiedenen Phasen ihrer Popularität begleitet und an die kommerzielle Wirkungsmacht des Formatradios herangeführt. Indie und Mainstream sind keine Gegensätze, sondern die beiden Enden einer durchgängigen Geschichte. Umgekehrt wird ein konsequentes »Audience Development« betrieben, indem die Hörer:innen die Karrierezyklen über die Sender hinweg begleiten und befördern können. Dass solche basalen Kulturförderkonzepte in einem öffentlich-rechtlichen Sender wie dem *ORF* keine Rolle spielen, ist die eine Sache. Wesentlich befremdlicher ist der Umstand, dass sich die Szene solche provinziellen Wertungsexzesse und die Vorenthaltung einer nachhaltigen Popmusikstrategie gefallen lässt. Sie tut das unter anderem deshalb, weil die lautstarken »Kunst-gegen-Kommerz«-Dozent:innen nach wie vor an den Schalthebeln der österreichischen Musikpublizistik sitzen und die Szene in eine vollkommen sinnlose Polarisierung getrieben haben: Um wahrgenommen zu werden, müssen sich junge Künstler:innen zwischen Pop als No-go-Kategorie der geldgierigen Mitläufer:innen oder als Altar einer glatten Formatradio-Ästhetik entscheiden. Was beide Welten eint, ist eine ungesunde Selbstüberschätzung, die auch die nachrückende Pop-Community infiziert hat. Das führt uns zum nächsten Punkt:

Zweitens: Der Stillstand durch Absenz von Neugier, Strategie und internationaler Ausrichtung behindert junge Hoffnungsträger:innen in ihrer Selbstwahrnehmung und damit auch in ihren Ambitionen. Im österreichischen Pop ist es ähnlich wie bei der österreichischen Fußballnationalmannschaft. Sobald ein kleiner Achtungserfolg jenseits der üblichen Marginalisierung im internationalen Geschäft stattfindet, dreht die Nation durch und jazzt das Erreichte zu einer bahnbrechenden Sensation hoch. Österreich, davor nur einmal als Gastgeber für eine Europameisterschaft qualifiziert, siegt in der EM-Gruppenphase 2021 gegen Nordmazedonien und die Ukraine, verliert gegen die Niederlande und scheidet bei der ersten EM-Achtelfinalteilnahme der rot-weiß-roten Fußballhistorie gegen Italien erst in der Verlängerung aus? Das österreichische Narrativ begnügt sich nicht mit verhaltener Freude über eine gute Leistung – es beschreibt einen heroischen Kampf, mit dem die Mannschaft nicht weniger als nationale Fußballgeschichte geschrieben hat. Im selben Turnier eliminierte die sportlich ähnlich strukturierte Schweiz den amtierenden Weltmeister Frankreich im Achtelfinale und scheiterte erst im Elfmeterschießen des Viertelfinales gegen Spanien. Fußballgeschichte hat sie in der Selbstwahrnehmung trotzdem nicht geschrieben – vielleicht liegt das an den fünf EM-Teilnahmen seit 1996, die andere Konditionen der Selbstbeweihräucherung nach sich ziehen. Ähnlich wie bei den österreichischen Kickern verhält es sich mit österreichischen Bands, wenn diese sich durch ein paar tolle Songs in die Herzen des deutschsprachigen Marktes singen. Das popkulturelle Äquivalent zur Schweiz wäre Schweden, das nur unwesentlich größer als Österreich ist, dafür aber seit Jahrzehnten mit einer unaufgeregten Selbstverständlichkeit in den internationalen Hitparaden mitmischt.

Dazu eine Geschichte: Vor ein paar Jahren stellte ein Bekannter aus dem Kulturmanagement den Kontakt zwischen dem Bürgermeister einer österreichischen Landeshauptstadt und mir her. Grund der Anbahnung war das Konzept des:der »Popbeauftragten«, das in mehreren deutschen Städten zu einem verbesserten Lobbying für Musik und Popkultur geführt hat. Mannheim war hier mit der Bestellung des ersten kommunalen Popbeauftragten der Bundesrepublik Vorreiter. Deshalb sollte ich dem Bürgermeister die Möglichkeiten so einer Stelle erläutern, verbunden mit einem Ausblick, was es brauchen würde, eine entsprechende Person in seiner Stadt zu installieren. Ich fand das sehr vorausschauend. Der Standort hätte dadurch die Möglichkeit bekommen, in der Community der Popbeauftragten als erster österreichischer Vertreter präsent zu sein: ein klares Alleinstellungsmerkmal mit einem konkreten Wettbewerbsvorteil für die lokale Bandszene, weil solche Netzwerke auch immer wertvolle Branchen- und Medienkontakte – in diesem Fall in den mächtigen deutschen Markt – bringen. Zusätzlich hätte sich durch so einen Vorstoß die Chance ergeben, Formate analog zur deutschen Bundesfachkonferenz Popularmusikförderung anzusiedeln, wodurch wiederum ein Kompetenzschwerpunkt abseits der alles überstrahlenden Bundeshauptstadt Wien möglich geworden wäre. Der Bürgermeister zeigte große Ambitionen und bezog auch gleich seinen Kulturstadtrat mit ein. Der lancierte das Thema in seinem Ressort, wodurch ein lokaler Kulturzentrumsleiter Wind von der Sache bekam und sich in die Gesprächsrunde hineinreklamierte. Bei seiner ersten Teilnahme an einem Treffen verkündete er, das Konzept sei vollkommen überflüssig, weil es ja bereits einen Popbeauftragten gäbe. Ich fragte, wer das sei, und er antwortete, ohne mit der Wimper zu zucken: »Ich«. Ich fragte ihn, worauf diese Einschätzung beruhen würde. Mein Interesse war ehrlich gemeint, weil es durchaus im Bereich des Möglichen liegt, dass eine Person unter dem Radar der Kulturpolitik und ohne einen klingenden Titel wertvolle Entwicklungs- und Vernetzungsarbeit leistet. Er erzählte mir daraufhin von den Auftrittsmöglichkeiten in seinem Kulturzentrum und von offenen Proberäumen, und ich versuchte ihm zu erklären, dass genau solche Aspekte wichtige Instrumente eines funktionierenden Musikstandorts, aber eben nicht ein übergeordnetes Konzept für strukturelle Popförderung mit internationaler Ausrichtung seien. Zu diesem Zeitpunkt war für mich keinesfalls ausgeschlossen, dass der Kulturzentrumsleiter von einem selbst erklärten zu einem tatsächlichen Popbeauftragten mit klarer strategischer Agenda hätte werden können. Doch dann sagte er etwas, dass mir das ganze Grauen unangemessener Selbstüberschätzung »made in Austria« vor Augen führte. Er habe die österreichische Band *Bilderbuch* quasi mit erfunden, erzählte der Kulturzentrumsleiter süffisant, und die sei ja ein Paradebeispiel dafür, warum die Deutschen beim Thema Popförderung eher nach Österreich rüberschauen müssten als umgekehrt. In diesem Moment wurde mir klar, dass die Kenn-ma-ned-brauch-ma-ned-hamma-schon-Seuche Österreichs Kulturszene nach wie vor fest im Griff hat. Schon davor war mir aufgefallen, dass sich die bemerkenswerten Achtungserfolge der Bands *Bilderbuch* und *Wanda* in Deutschland, inklusive wohlwollender Berichterstattung im dortigen Feuilleton, in der österreichischen Wahrnehmung zu epochalen Triumphzügen ausgewachsen haben, in deren Sogwirkung das deutsche Publikum den österreichischen Musikern »zu Füßen lag«. Ich hatte das als lokalpatriotische Euphorie abgetan. Aber dank des Kulturzentrumsleiters verstand ich, dass es sich um ein von den Instanzen des Kultursystems propagiertes Selbstverständnis handelt. In diesem Selbstverständnis ist es sogar möglich, dass der – nach den USA, Japan und Großbritannien – viertgrößte Musikmarkt der Welt, nämlich Deutschland, nach Österreich schielt, um sich am Beispiel *Bilderbuch* Strategien der Popförderung abzuschauen. Unter solchen Rahmenbedingungen ist es nicht weiter verwunderlich, dass sich österreichische Bands aufgrund ihres heimischen Umfelds am Zenit wähnen, wenn es eigentlich noch fünf Etagen aufwärts gehen könnte. Genau hier behindert die Selbstwahrnehmung einer Szene die Selbstwahrnehmung ihrer jungen Hoffnungsträger:innen und erstickt epische Ambitionen im Kern. Wenn wir wirklich wollen, dass uns irgendjemand zu Füßen liegt, dürfen wir nicht das erste Achtelfinale seit 50 Jahren österreichischer Europameisterschaftsgeschichte abfeiern – wir müssen das Achtelfinale zum Minimalziel erklären und dafür die entsprechenden Strukturen schaffen.

Das Projekt Popbeauftragte:r in einer österreichischen Landeshauptstadt verlief übrigens im Sand. Ein System, das jene, die es begünstigen soll, nicht als Begünstigung empfinden, wäre von vornherein zum Scheitern verurteilt gewesen. Da waren der Bürgermeister und ich uns einig.

Warum nicht? Der Versuch einer Trendwende

An dieser Stelle eine wichtige Klarstellung: Nur weil ich Kritik an den Gepflogenheiten im österreichische Kulturbetrieb und hier insbesondere am alles dominierenden Standort Wien übe, heißt das nicht, dass ich meine Heimat nicht wertschätze. Im Gegenteil: Ich sehe die fantastischen Anlagen, die sich in der Zweiten Republik konstituiert und zu einem großartigen Aufschwung des

Kulturstandorts geführt haben. Bei diesem Aufschwung ging es weniger um Exzellenz im künstlerischen Ausdruck. Es ging um Eroberung von Räumen, insbesondere im städtischen Bereich, um die Verknüpfung von Kultur und Bildung, um eine Verjüngung der Institutionen, um Demokratisierung und Teilhabe der sogenannten »einfachen Leute« und ganz besonders um die Etablierung einer kritischen Instanz, die stets in die offenen Wunden der Gesellschaft drückt. In den letzten drei Jahrzehnten ist aber Sand ins Getriebe gekommen. Das ist sehr bedauerlich und bis zu einem gewissen Grad auch unverständlich, weil andere systemrelevante Bereiche ihren Aufschwung ungebremst fortgesetzt haben. Man denke nur an Wiens Vorreiterrolle in den Bereichen Wohnbau, Kinderbetreuung und Umwelt, an die positive Entwicklung des öffentlichen Verkehrs in ganz Österreich oder an die enorm hohen Standards im österreichischen Gesundheitswesen. Kultur- und Bildungswesen müssen sich wieder in diesen Erfolgskanon einreihen. Pragmatisch gesehen lässt die österreichische Mentalität keine Hauruck-Systemwechsel zu. Es braucht eher einen subtilen Stimmungsumschwung, der sich, ganz in der Tradition von Falco, auch verbal in ein Lebensgefühl ummünzen lässt. Für mich wäre eine Entwicklung vom aufschiebenden »Schauma mal« hin zu einem »Warum nicht?« genau so ein sanfter Fortschritt.

»Warum nicht?« sagt lediglich: Wenn wir's nicht machen, werden wir nie erfahren, ob es etwas bringt. Mehr Euphorie ist in Österreichs Kulturbetrieb derzeit nicht zu erwarten. Deshalb halte ich die »Warum nicht?«-Mentalität für ein überaus wirksames Hausmittel gegen die Symptome des Stillstands. Natürlich dürfen wir die Symptombekämpfung nicht mit der eigentlichen Heilung verwechseln. Doch wer sich bei einer ordentlichen Erkältung schon mal mit Paracetamol vom Kopfschmerz befreit hat, weiß, dass sich so ein symptombefreites Dasein ausgezeichnet auf die Psyche und damit auf den Heilungsfortschritt auswirkt. Doch welche konkreten Vorteile bringt diese »Warum nicht?«-Mentalität für den Kulturbetrieb?

Erstens: »Warum nicht?« heißt, eine grundsätzliche Offenheit für Neues an den Tag zu legen, ohne sich dabei selbst mit allzu großem Enthusiasmus zu belasten. Das ermöglicht Weiterentwicklung, auch wenn noch keine Bereitschaft besteht, sich in diese Weiterentwicklung einzubringen. So entgehen wir der Gefahr, Neues zu verhindern, nur weil die Angst vor Überforderung grassiert.

Zweitens: »Warum nicht?« bedeutet, Respekt gegenüber dem Feuer zu zeigen, das andere Menschen für eine Sache entwickelt haben – eine Haltung, die vor allem jungen Menschen zugutekommt. Dieser Respekt hilft dabei, dass unsere wertvollste Ressource, das innere Feuer des sogenannten »Humankapitals«, nicht aus Frust verglüht.

Drittens: »Warum nicht?« signalisiert einen Pragmatismus, der uns allen guttun würde. Allzu oft verstecken sich rationale Entscheidungsbedarfe hinter existenziellen Fragen wie »richtig oder falsch?«, »gut oder schlecht?«, »erfolgreich oder erfolglos?«. Dabei stellt das Probieren an sich schon einen Wert dar, der unabhängig vom Ergebnis Wirkung zeigt: in Form von Lerneffekten, deren Schwankungsbreite die Verhinderer und Bedenkenträger als Makel stigmatisiert haben. Bestes Beispiel für einen diffamierten Lerneffekt ist der Umgang mit dem Scheitern. Ich zitiere in diesem Zusammenhang gerne den Unternehmer Max Levchin, weil sein Sager jede weitere Erklärung obsolet macht: »Das erste Unternehmen, das ich gegründet habe, ist mit einem großen Knall gescheitert. Das zweite Unternehmen ist ein bisschen weniger schlimm gescheitert, das dritte Unternehmen ist auch anständig gescheitert, aber das war irgendwie okay. Ich habe mich rasch erholt, und das vierte Unternehmen überlebte bereits. Nummer fünf war dann Paypal.«

Viertens: »Warum nicht?« ist ein Zugeständnis an die Selbstwirksamkeit anderer – unter Umständen jüngerer – Menschen. Wer zu einem »Warum nicht?« fähig ist, verzichtet darauf, den Vorstoß eines ambitionierten Menschen mit den eigenen Erfahrungswerten zu belasten. Das ist eine sehr großzügige, vor allem aber eine sehr schlaue Grundhaltung. Denn genauso wenig, wie sich Erfolge eins zu eins reproduzieren lassen, lassen sich auch Misserfolge nicht eins zu eins wiederholen.

Solidarität – kein Kampfbegriff, sondern ein Kulturbegriff

Mit der »Warum nicht?«-Strategie schlagen wir versöhnliche Töne für eine transformative Übergangszeit an. Wo wir aber keine Kompromisse zulassen dürfen und mit brennenden Herzen voranschreiten müssen, ist das Thema Solidarität. Die Coronapandemie hat verdeutlicht, dass sich die systemimmanente Solidarität des Kulturbetriebs auf kurzlebigen Aktionismus beschränkt. In einer Gesundheitskrise mit diesen Ausmaßen reicht es nicht, einen offenen Brief mit der zahmen Forderung nach einem »Kulturgipfel« zu schreiben oder mal kurz aus der institutionalisierten Sicherheit eines schmucken Theaterdirektorbüros herauszulugen, um bei der Demontage einer überforderten Kulturstaatssekretärin mitzuwirken. Das sind Alibiaktionen, die von dem Umstand ablenken sollen, dass hinter den Kulissen banale Verteilungskämpfe toben, in denen jede Sparte ihr eigenes Süppchen kocht. Ein nationaler Schulterschluss mit akkordierten, genreübergreifenden Forderungen an die Kulturpolitik? Fehlanzeige.

Krisenzeiten sind Wendezeiten, und es wäre höchste Zeit, dass Kultur eine Wende zum Positiven mitbefördert. Wir erleben im Zuge von Covid-19 einen Hurrikan an Entwicklungen, die eine gesellschaftliche Einordnung benötigen. Digitalisierung ist nicht mehr Spleen einer nachrückenden Generation, sondern Überlebensstrategie der breiten Masse – gearbeitet und gelernt wird orts- und zeitunabhängig. Daten sind nicht mehr nur (je nach Perspektive) ausbeutungs- oder schützenswerte Lebensspuren, sondern insbesondere auch solidarische Güter des Gemeinwohls. Langwierige Forschung verdichtet sich zu medizinischer Innovation im Wochenrhythmus, Behördenwege schrumpfen zu Randnotizen einer entfesselten Alltagserhaltungsmaschinerie, weil der:die »Kund:in« plötzlich keine Nummer mehr in einem Magistratischen Bezirksamt zieht und anschließend zwei Stunden wartet, sondern nur einen Klick von seinem Anliegen entfernt ist. Familien und Freundeskreise aus allen Schichten entzweien sich an banalen Fragen der gesundheitlichen Lebensführung, die Idee des sozialen Gefüges ist um eine Bedeutung reicher, nämlich jene als tödlicher Cluster. Gesundheitssysteme kollabieren, während Verschwörungstheorien florieren. Politik versagt, und insgesamt setzt sich eine bittere Erkenntnis durch: Wir sind in vielerlei Hinsicht schutzlos.

Zurückgeworfen auf diesen Ausnahmezustand haben viele Menschen begonnen, in noch nie dagewesener Art und Weise zu kämpfen. Ärzt:innen und Pflegekräfte kämpfen um das Leben der Schwerkranken und gehen dabei über ihre Grenzen. Engagierte Lehrer:innen und Schulleiter:innen kämpfen im bildungspolitischen Chaos um den Kontakt zu den isolierten Schutzbefohlenen und finden dadurch auch endlich Anschluss zu den Kommunikationskanälen der Jetztzeit. Die Sozialpartner kämpfen um den Fortbestand ihrer traditionsreichen Schicksalsgemeinschaft und verhandeln Wirtschaftshilfen und Kurzarbeitsregelungen. Die Institutionen aus Exekutive und Justiz kämpfen um die maßvolle Interpretation eines Staates, der mit teils untauglichen Mitteln um eine Balance zwischen Beschränkungen und Freiheit ringt. So gut wie alle kämpfen mit einer politischen Führungsriege, die planlos, zerstritten, schlecht ausgebildet, lernunwillig, in Teilen der Korruption beschuldigt und in ihrer plakativen Pressekonferenzkommunikation vollkommen sprachlos ist.

Aber wofür kämpft die Kultur?

In der öffentlichen Wahrnehmung kämpft sie um Förderungen und Überbrückungshilfen und um die Anerkennung ihrer Hygienekonzepte, also um vollkommen legitime Fragen der Selbsterhaltung. Aber für welche gesellschaftliche Agenda kämpft sie darüber hinaus? Insbesondere da, wo das ökonomische Überleben weitgehend gesichert ist, also in den kulturellen Landes- und Bundeseinrichtungen. Und sofort drängt sich die bange Frage auf: Ist die Selbstüberschätzung des Kulturbetriebs so weit gediehen, dass der Kampf für sich selbst bereits Leistung genug sein soll und ansonsten die Parole ausgegeben wird: Weitermachen wie davor, weil dann ist es ohnehin perfekt.

Wer kämpft für die Aufarbeitung der gesellschaftlichen Verwerfungen?

Wer kämpft um die Reintegration der abgehängten Bevölkerungsgruppen?

Wer kämpft für die Rückeroberung des Freiheitsbegriffs von Querdenker:innen und Verschwörungstheoretiker:innen?

Wer kämpft für integrative Erlebnisse mit Substanz, die uns wieder enger zusammenrücken lassen?

Wer kämpft für künstlerische Ausdrucksformen, die erträgliche Rahmenbedingungen für die Aufarbeitung des Unerträglichen – für die Aufarbeitung von Krankheit, Vereinsamung, Tod und Hass – schaffen?

Wer kämpft für den Diskurs als Umgangsform der gesellschaftlichen Mitte?

Wer kämpft um die Produktion neuer künstlerischer Inhalte, die mal als historische Projektionsflächen für spätere Generationen dienen werden?

Ja, wer soll das bitte alles erkämpfen, wenn nicht die Kultur?

Und es geht noch einen Schritt weiter: All das zu erkämpfen würde bedeuten, sich mit dem Publikum und der Gesellschaft, in der Kultur wirken soll, solidarisch zu erklären. Wenn sich der Kulturbetrieb zu dieser basalen Solidarität nicht mehr aufraffen kann: Wie kann er dann vom Publikum Solidaritätsbekundungen einfordern, wenn es für die Kunst und ihre Protagonist:innen ans Eingemachte geht? Auch hier hat uns Corona eine wertvolle Lektion erteilt. Für das Gesundheitspersonal bequemen sich die Menschen zumindest einmal am Tag ans Fensterbrett und applaudieren. Für die Erhaltung des Kulturbetriebs machen sie nicht einmal mehr das.

Da sind wir also, im Hurrikan der Krise. Ob die Kultur im Auge des Hurrikans steht und sich dabei eine ruhige, aber immerhin zentrale Perspektive verschafft, oder – noch schlimmer – sich außerhalb des Hurrikans wähnt und den Wahnsinn nur aus sicherer Entfernung beobachtet, bleibt abzuwarten. Die ungesunde Kombination aus mangelnder Binnensolidarität innerhalb des Kulturbetriebs in Form von Verteilungskämpfen und Allianzverweigerung sowie mangelnder Solidarität mit dem Publikum in Form von Kontaktabbruch und gleichgültiger Programmierung wirft Probleme für die Zeit nach der Krise auf. Denn da muss sich Kultur als verfassungsmäßige Säule des gesellschaftlichen Lebens wieder um die gesamte thematische Bandbreite unseres zivilisatorischen Gefüges kümmern. Und auch hier wird es maßgeblich um Solidarität gehen. Um Solidarität mit schlechtergestellten Bevölkerungsgruppen, um Solidarität mit jungen Menschen, um Solidarität mit Geflüchteten, um Solidarität mit Künstler:innen, die sich gegen Totalitarismus und toxische Machtgefüge stellen, um Solidarität mit Menschen, die Tag für Tag von Diskriminierung betroffen sind. Je länger wir solche ungelösten Aufgaben auflaufen lassen, desto größer ist die Gefahr, dass wir irgendwann unter der Last zusammenbrechen. Aber wird der Kulturbetrieb aufgrund seines Versagens genügend Glaubwürdigkeit besitzen, um hier eine entlastende Rolle zu spielen?

Für genau diese Glaubwürdigkeit müssen wir kämpfen und Solidarität als zentralen Kulturbegriff etablieren. Die Öffnung des Elfenbeinturms ist der nächste logische Schritt. Diesen Öffnungsschritt gemeinsam zu planen, macht deshalb Sinn, weil wir uns dann auch gemeinsam einrichten können. Das wird nicht ohne Konflikte ablaufen. Wer bekommt wie viel Raum? Wo ergänzen wir uns und wo stören wir einander? Wo findet bedingungslose Gemeinschaft statt und wo zelebrieren wir Heterogenität? Welche ästhetischen und geschmäcklerischen Maßstäbe legen wir an? Wie organisieren wir Kommunikation und Reflexion?

Diese und viele andere Fragen werden uns umtreiben, wenn sich der Elfenbeinturm öffnet. Aber immerhin planen wir dann auf dem Fundament eines Bekenntnisses zu einem gemeinsamen Zuhause namens Kultur. Gehen wir diesen Weg der kollektiv organisierten Öffnung nicht, erfolgt die Eroberung des Elfenbeinturms – mit allen Verwerfungen, die eine Eroberung mit sich bringt. Beschweren wir uns dann nicht, wenn wir umso mehr unter den Belastungen des radikalen Generationenwechsels, der kompromisslosen Diversifikation und der schmerzlichen kulturpolitischen Reformen ächzen.

Eine Utopie namens »Applaus 2024«

An allen Ecken und Enden des Weltgeschehens rufen Politiker:innen, Institutionen und Unternehmen große Reformprojekte aus. Derzeit sind das vor allem Vorhaben, die die Themen Klima und Nachhaltigkeit betreffen. Was die meisten davon eint, ist eine ergänzende Jahreszahl in ferner Zukunft, die als zeitlicher Horizont Verbindlichkeit suggerieren soll, ohne dass sich die aktuellen Entscheider:innen im Hier und Jetzt einer überprüfbaren Verantwortung stellen müssen. Die Vereinten Nationen wollen 17 Nachhaltigkeitsziele verfolgen – und zwar im Rahmen einer Agenda 2030. Die schwarz-grüne Regierung in Österreich hat sich Klimaneutralität ins Programm geschrieben – für das Jahr 2040. *Volkswagen* prescht als größter Autobauer der Welt in punkto E-Mobilität vor und verkündet das Ende des Verbrennungsmotors – und zwar für 2035, wobei diese Jahreszahl lediglich ein Ende des Verkaufs markiert. Deutschland strebt eine treibhausgasneutrale Lebensrealität an – mit einem Klimaschutzplan 2050.

Als *Kulturbetrieb* haben wir die Chance, einen lebensbejahenden Kontrapunkt zu diesem mühsamen Spiel auf Zeit zu setzen.

Als *österreichischer Kulturbetrieb* haben wir die Chance, diesen Kontrapunkt mit einem klar umrissenen und damit auch überprüfbaren Wirkungsrahmen auszustatten.

Als *österreichischer Kulturbetrieb in der Krise* haben wir die Chance, uns wieder in den Mittelpunkt des gesellschaftlichen Geschehens zu spielen, indem wir Fähigkeit zur Selbstreflexion, Mut zu selbst auferlegtem Veränderungsdruck und Gestaltungskompetenz in Hinblick auf greifbare Lösungen unter Beweis stellen.

Das Programm des österreichischen Kulturbetriebs könnte »Applaus 2024« heißen. Es wartet nicht auf neue politische Konstellationen, etwa nach der nächsten oder übernächsten (geplanten) Nationalratswahl, und gibt auch nicht vor, eine Raketenwissenschaft mit jahrzehntelangen Vorläufen zu sein. *Applaus 2024* emanzipiert sich von Floskeln, die seit vielen Jahren die Kulturkapitel der Regierungsprogramme zu ermüdenden Manifesten der Planlosigkeit machen. Es verzichtet auch auf sogenannte »Leuchtturmprojekte«, die den Erfolg an Einzelmaßnahmen wie einem »neuen Museum« oder einem punktuell aufgesetzten Förderprogramm festmachen.

Applaus 2024 ist ein ideeller Handlungsleitfaden, dessen Grundfesten ohne Verständnisschwierigkeiten mit ein paar Zeilen auskommen und innerhalb von zwei Jahren umsetzbar sind. Dank seiner Wirkung können sich jene operativen Maßnahmen entfalten, die letztendlich eine Trendwende für alle Ebenen des Kulturbetriebs bedeuten.

Applaus 2024 setzt auf eine Politik, die …

… Kulturpolitik vom schöngeistigen Nischen- zum staatstragenden Demokratiethema befördert und dementsprechend auch nur ausgewiesene Expert:innen in Schlüsselpositionen vordringen lässt.

… prestigezentrierte Einzelmaßnahmen, affektgetriebene Förderkonzepte und die Anbetung von Egos durch vernetzte Standortstrategien ersetzt.

… in punkto Compliance, Transparenz und Personalpolitik Standards setzt – der Kulturbetrieb sollte weniger verdächtiger Hotspot für Kontrolleur:innen, sondern vielmehr gesellschaftliche Kontrollinstanz sein.

Applaus 2024 setzt auf eine Kulturverwaltung, die …

… in Anlehnung an die normative Kraft von Redaktionsstatuten ein eigenes Amtsstatut erhält, um die gesellschaftliche Tragweite des eigenen Handelns stets im Blick zu behalten.

… eine durchdachte Personalgewinnungsstrategie an die Hand bekommt, die fachspezifische Jobprofile, Kriterienkataloge bei der Bewerber:innenauswahl und insbesondere auch eine personelle Durchlässigkeit gegenüber der Kulturszene zum professionellen Standard macht.

… auf Führungskräfte setzt, denen die notwendige Resistenz gegenüber unbotmäßigen Interventionen und »weicher« Korruption, angefangen von kleinen Gefälligkeiten bis hin zu parteipolitisch motivierter Günstlingswirtschaft, zuzutrauen ist – die Überprüfung der persönlichen Eignung erfolgt durch entsprechende Expert:innen aus der Organisationspsychologie.

Applaus 2024 setzt auf ein Kulturmanagement, das …

… Diversität auf allen institutionellen Ebenen befördert und diesbezügliche Ziel- und Leistungsvereinbarungen verbindlich umzusetzen hat.

… sich selbstbewusst im Kanon der sogenannten systemrelevanten Infrastruktur positioniert, diese Positionierung aber nicht durch allürenhafte Forderungen nach Sonderbehandlung, etwa im Bereich der betriebswirtschaftlichen Leistungsfähigkeit, karikiert.

... den Wertekanon einer liberalen Gesellschaft eins zu eins in die Institutionen überträgt – das bedeutet: Despotismus, Gewalt und toxische Machtstrukturen haben im Kulturbetrieb ein für alle Mal ausgedient.

Applaus 2024 setzt auf Künstler:innen und Kulturschaffende, die ...

... Kulturfinanzierung nicht als Verteilungs-, sondern als Vermehrungskampf sehen und sich für genau diesen Kampf engagieren – in der kulturpolitischen Entscheidungsfindung geht es so gut wie nie um ein Entweder-oder zwischen Institutionen oder Personen, sondern in den allermeisten Fällen um eine grundsätzliche Positionierung, ob Kultur insgesamt gut ausgestattet ist oder nicht.

... ihre gesellschaftliche Verantwortung annehmen und sich nicht auf die Position zurückziehen, dass ihr Wirken Selbstzweck ist – sie setzen dadurch einen solidarischen Akt, der insbesondere die Akzeptanz von Kultur in der Gesamtgesellschaft stärkt.

... sich konsequent über die Mechanismen von Kulturverwaltung und ihre Wechselwirkung mit politischen Gremien informieren, um unnötige Missverständnisse zu vermeiden – viele Konflikte zwischen Kulturszene und Verwaltung sind sinnlose Scheinkonflikte, weil sie in Wahrheit Entscheidungen in politischen Gremien betreffen.

23 Denkanstöße für einen reformierten Kulturbetrieb

Für eine Serie der deutschen Tageszeitung *Mannheimer Morgen* wurde ich 2018 eingeladen, eine Kulturutopie zu formulieren. Im Rahmen des Textes habe ich fünf Thesen niedergeschrieben.

1. Echte Teilhabe ermöglichen

Wenn wir schon partizipative Kulturformate forcieren, müssen wir auch das Prinzip des Zutrauens forcieren. Jugendliche, Flüchtlinge, Menschen mit Behinderung sind per se keine Bedürftigen, die ständig pädagogisiert und bevormundet werden müssen. Diese Gruppen benötigen auch kein besserwisserisches »Sprachrohr«. Erst wenn wir diese Gruppen als echte Leistungsträger:innen des Kulturbetriebs wahrnehmen und dementsprechend fordern, werden sie Teil davon und lassen uns von ihrer enormen Kraft profitieren.

2. Visionen zulassen

Lasst uns weniger zynisch sein und stattdessen den Mut aufbringen, Dinge zu machen und zu fördern, die andere bereits abgelehnt haben. Der Umstand, dass ein Mensch trotz Ablehnung weiter versucht, seine Idee zu realisieren, zeugt von einer Schmerzresistenz, die im Kunst- und Kulturbetrieb sehr nützlich sein kann.

3. Oberflächliches durchschauen
Lasst uns die Stilpolizei entmachten. Die Stilpolizei möchte immer vorgeben, was tragbar, machbar, rezipierbar ist. Dabei zieht sie sich unfassbar gut an und bewegt sich bevorzugt im Kunst-, Kultur- und Kreativwirtschaftsbereich, damit sie ihre himmelschreiende Spießigkeit mit dem geliehenen Image des Freidenker:innentums tarnen kann. Von solchen Konzepten zum Lebensstil dürfen wir uns nicht blenden lassen, wenn es darum geht, die richtig Guten zu identifizieren.

4. Floskeln streichen
Lassen wir uns niemals einreden, dass man »gar nichts muss, außer sterben«. Wer für eine Sache brennt, der MUSS sehr wohl, weil seine Überzeugung so stark ist, dass sie einem inneren Zwang gleicht. Dieser Zwang treibt an, macht stark und fördert die Zielstrebigkeit. Wir Kulturschaffenden MÜSSEN Kultur machen. Diese Alternativlosigkeit macht uns stark und streitbar.

5. Agil denken
Wir, die wir brennen, müssen lernen, dass es irgendwann vorbei sein kann mit unserer Kraft. Nicht für immer, sondern für den Moment. Wer brennt, hat andere Lebenskonditionen. Wer brennt, muss mit Intensität umgehen. Wer brennt, macht schneller, gönnt sich kaum Pausen, schläft weniger, ist emotional eingebunden und gedanklich ständig verfügbar. Die Schluss-

folgerung daraus ist nicht, dass wir lieber langsamer machen, uns distanzieren und unsere Verfügbarkeit reduzieren. Die Conclusio ist, dass wir aufhören, wenn es nicht mehr geht, um dann für das nächste Ding zu brennen. Wir sind damit die Antithese zu Sesselklebern. Wir sind dadurch die Wegbereiter für eine furiose, sich erneuernde Kulturlandschaft.

Diese fünf Thesen möchte ich um 18 Denkanstöße erweitern.

6. Diversität durchsetzen

Die interkulturelle Gesellschaft ist längst Realität: aber nicht so, wie das die Kulturschaffenden auf ihren Bühnen suggerieren. Unsere Gesellschaft ist kein »buntes Ensemble«, das in der Kunst Begegnung und Gleichberechtigung feiert. Die interkulturelle Gesellschaft spielt sich in den stadtrandnahen Flächenbezirken und im sozialen Wohnbau ab, wo keine pittoresken Kulturtempel, sondern profane Überlebensstrategien wirken. Diese Gesellschaft fühlt sich im Kulturbetrieb nicht gesehen. Auch dann nicht, wenn Kulturschaffende mit edukativem Ehrgeiz ihre Projekte in die »normale Bevölkerung« tragen, anstatt die normale Bevölkerung zu einem normalen Bestandteil ihres Systems zu machen. Schluss mit dieser Scharade – Diversität muss sich schlicht und ergreifend in jedem Gewerk des Kulturbetriebs durchsetzen, wenn es sein muss, auch mit Quoten.

7. Geht nicht gibt's nicht
Verinnerlichen wir, dass die meisten Mitmenschen »Ich will nicht« meinen, wenn sie »Das geht nicht« sagen und dass das insbesondere auch für den Kulturbetrieb gilt, wo sich alle so offen und weltgewandt geben. Mit dieser Gewissheit können die veränderungswilligen Geister des kulturellen Lebens guten Gewissens weiter für ihre Anliegen kämpfen – und jenseits der allerorts gesäten Verunsicherung nach alternativen Wegen zum Ziel suchen.

8. Wertschöpfung muss sein
Folgende Fragen müssen Einzug in den kulturpolitischen Diskurs halten: Welche wirtschaftliche Wertschöpfung brauchen wir für einen funktionierenden Kulturstandort – also in welchem Ausmaß muss die Kultur für ihre Selbsterhaltung, den Tourismus, die regionale Wirtschaft und den Wissenschaftsbetrieb Geld verdienen? Welche ideelle Wertschöpfung brauchen wir für eine gesellschaftliche Nachhaltigkeit – also welche »weichen« Effekte erwarten wir uns in Hinblick auf gesellschaftlichen Diskurs, Bildung, politisches Engagement und Erholung? Anschließend können wir zuordnen, welche Bereiche und welche Institutionen in welchem Umfang Beiträge zu diesen Wertschöpfungsdimensionen leisten müssen. Der Kulturbetrieb braucht also ein Bekenntnis zu Wertschöpfung als Qualitätskriterium und anschließend eine umfassende Wertschöpfungsdiskussion.

9. Unvoreingenommen bleiben

Hören wir insbesondere im Kulturbetrieb hin, wenn scheinbar Verrückte ihre Ideen mit uns teilen wollen – egal, ob man als Lektor:in, Theatermacher:in, Galerist:in oder Mitarbeiter:in eines soziokulturellen Zentrums tätig ist. Viele Veranstaltungsformate, die ich als Leiter von Kultureinrichtungen realisiert habe, kamen von seltsamen Gestalten, die ohne Termin in mein Büro geschneit sind, um mir in wirren Halbsätzen ihre Visionen von einem Konzert, einem Theaterabend oder einem kulturellen Partizipationsformat darzulegen. Einige von ihnen haben zuerst mich und dann unser Publikum angezündet.

10. Sinnstiftend solidarisch sein

Wir müssen Veränderungsprozesse im Kulturbetrieb konsequent anpacken. Halten wir uns bei aller Konsequenz aber immer vor Augen: Der Wille, etwas nachhaltig zu verändern, ist kein Freibrief dafür, sich wie ein rücksichtsloses Arschloch zu benehmen. Der Kampf für einen reformierten Kulturbetrieb ist deshalb so lohnend, weil es ein Kampf für Sinnstiftung ist. Sinnstiftung ist aber kein egozentrisches Prinzip. Sinnstiftung ist dann erfolgreich, wenn ein Beitrag für eine bessere Zukunft mit persönlichen Interessen und Wünschen Hand in Hand geht. Konsequentes Handeln ist nur ein Werkzeug, um diesen Weg effizient zu gehen, aber kein Feigenblatt für schlechtes Benehmen. Das unterscheidet konsequente Kulturmanager:innen von selbstgefälligen Kulturdespot:innen.

11. Gesamtheitlich aufbauen
Wo mehrere vergleichbare Institutionen im selben örtlichen Umfeld wirken, ist es ein Gebot der wirtschaftlichen Vernunft, der künstlerischen Vielfalt und eines kulturellen Nachhaltigkeitsbegriffs, dass Einrichtungen bestimmte Funktionen und damit auch bestimmte inhaltliche Stoßrichtungen auferlegt werden, die dann mit dem Thema Wertschöpfung verknüpft werden. Konkret bedeutet das: Es macht keinen Sinn, wenn sich drei Museumstanker mit historischen Blockbuster-Ausstellungen zu touristischen Besucher:innenrekorden hochschrauben, aber kein Haus eine Strategie entwickelt, um mit Nachwuchsarbeit Audience Development für die Blockbuster der nächsten Jahrhunderte zu betreiben. Es braucht im Kulturbetrieb also endlich den Mut zu ganzheitlichen Standortstrategien für öffentliche Einrichtungen oder Einrichtungen, die maßgeblich von öffentlichen Geldern gestützt sind.

12. Willkür beenden
Sowohl Wertschöpfungsziele als auch Standortstrategien implizieren einen Bruch mit Kulturmanager:innen, die nach Gutsherrenart agieren. Solche Dinosaurier in den Führungsetagen bekämpfen Einmischung und kollegiale Abstimmung unter dem Deckmantel der kuratorischen Freiheit. Sie schaffen dadurch ineffiziente Parallelstrukturen und massive inhaltliche Überschneidungen. In ihrer irrationalen Allmacht führen sie die Einrichtungen nach einer beliebigen Chaoslogik. So

kann es sein, dass sich eine Institution bei Programmgestaltung und Ticketeinnahmen wie ein Tourismusbetrieb, beim Zuschussbedarf wie eine Einrichtung der sozialen Basisversorgung und bei der Kontrolle wie ein totalitärer Staat benimmt. Management im Kulturwesen muss endgültig einer rationalen Logik unterworfen werden.

13. Korruption bekämpfen
Wir müssen uns eingestehen, dass Korruption nicht nur ein Problem der Polit- und Wirtschaftseliten, sondern auch ein Problem des Kulturbetriebs ist. Anfang 2022 erschütterte die sogenannte »Sideletter-Affäre« eine moralisch ohnehin schon abgeschriebene Politikerriege. Die geleakten Geheimabsprachen aus den letzten beiden Koalitionen zwischen ÖVP und FPÖ beziehungsweise ÖVP und Grünen offenbarten parteipolitisch motivierte Strategien der Postenvergabe an den Stellschrauben der Republik. Im Sog der Affäre fand eine bemerkenswerte Verschiebung in der Bewertung solcher Vorgänge statt. Aus dem verniedlichenden »Postenschacher« wurde ein subversives Phänomen namens »Ämterkorruption«. Diese harte Einordnung abseits der »klassischen« Schmiergeldzahlung könnte einen Paradigmenwechsel im Umgang mit einer typisch österreichischen Unart bedeuten – ein Paradigmenwechsel, der die Kulturszene mit voller Wucht treffen würde. Die nunmehr eingeführte Ämterkorruption gehört hier nämlich zum Alltag. In Form von minderqualifizierten

Parteigänger:innen, die mit hohen Posten in der Kulturverwaltung versorgt werden. Aber auch in Form von Führungskräften, die nur deshalb bestellt werden, weil von ihnen keine Gefahr in Form von Veränderungsdruck und kritischer Gegenöffentlichkeit ausgeht. Dementsprechend sind Strukturen, die zur Korruptionsbekämpfung installiert wurden, konsequent auf den Kulturbetrieb auszuweiten.

14. Breiten- und Exzellenzförderung etablieren
Immer wieder kommt bei Kulturförderung der Verdacht auf, dass es sich eher um eine verkappte Grundsicherung für echte und selbst ernannte Künstler:innen handelt. Gleichzeitig reagiert insbesondere die freie Szene allergisch auf Kategorien wie professionell versus nichtprofessionell. Eine einfache Lösung wäre die Orientierung an der Sportförderung, die durchgängig in Breiten- und Spitzensport unterteilt ist. Kulturförderung könnte sich auf eine Unterscheidung in Breiten- und Exzellenzförderung verständigen. Breitenförderung hat in diesem Kontext die Aufgabe, stabile Strukturen für sämtliche Professionalisierungsgrade in der Durchführung bereitzustellen. Das bedeutet: frei zugängliche Soziokulturstätten für Vereine, Initiativen, Gruppen und engagierte Einzelpersonen. Verwaltung, Erhaltung und Disposition dieser Soziokulturstätten sowie Supervision durch künstlerisches Begleitpersonal. Exzellenzförderung fokussiert sich voll auf die Umsetzung von professionellen Inhalten und die aus-

führenden Instanzen. Das bedeutet: Zusätzlich zur Strukturförderung greift eine Förderung von einkommensrelevanten Aspekten wie Honoraren, Stipendien und Sozialversicherungsleistungen nach Fair-Pay-Kriterien. Mit der Analogie zum Sport haben wir ein gutes Argument für die traditionell lauten Querulant:innen aus dem kulturellen Laienumfeld, die professionelle Infrastruktur nutzen und dafür auch noch eine Gage wollen: Wir sagen diesen Leuten, dass Spieler:innen einer Hobbymannschaft, die auf einem von der öffentlichen Hand erbauten und gepflegten Sportfeld unterklassigen Fußball spielen, auch keine Tor- und Punkteprämie erhalten. Es führt nämlich kein Weg daran vorbei: Kulturstrategisches Denken bedeutet auch, das Förderwesen einer inneren Logik zu unterwerfen. Für die Binnenscheidung zwischen Breiten- und Exzellenzförderung müssen wir natürlich auch transparente Kriterien entwickeln. Solche Kriterien wären zum Beispiel eine Ausbildung an einer künstlerischen Hochschule, eine gewisse Quote an kulturrelevanten Einkünften im Rahmen eines bestimmten Durchrechnungszeitraums oder aber die Mitgliedschaft in der Künstlersozialkasse.

15. Zwischen künstlerischen und kulturpolitischen Entscheidungen differenzieren

Wenn wir von kulturstrategischem Denken beziehungsweise kulturpolitischen Strategien sprechen, müssen wir ein für alle Mal klarstellen, dass beides nicht mit ästhetischen Zugängen gleichzusetzen ist. Welch dramatische Folgen eine Vermischung dieser Ebenen hat, zeigt die Amtsauffassung der ehemaligen Leiterin des *Steirischen Herbstes* Veronica Kaup-Hasler in ihrer Funktion als Wiener Kulturstadträtin. Groß war die Hoffnung, als eine leibhaftige Vertreterin aus der Kulturszene Regierungsverantwortung in Wien übernahm. Doch anstatt die praktische Expertise dazu zu nutzen, den Säulen der Wiener Kulturlandschaft eine strategische Funktion in der Stadtgesellschaft zuzuordnen und dementsprechendes Personal zu suchen, agiert die Neostadträtin wie eine Überkuratorin mit ästhetischer Agenda. Es wirkt so, als sei die Kulturlandschaft Wiens nun ein großes Festival und die kommunal gesteuerten Einrichtungen Einzelprojekte im Sinne der Festivalintendanz. Der Niedergang der *Kunsthalle* und des *Volkstheaters* sowie die zumeist am Stadtrand oder in Arbeiter:innenbezirken verortete Belästigung sogenannter »bildungsferner Schichten« durch sogenannte »dezentrale« Performance-Kunst sind unmittelbares Resultat dieser Herangehensweise. Dass eine parteipolitisch getriebene Personalpolitik durch eine Personalpolitik entlang ehemaliger Weggefährten aus dem Milieu des *Steirischen Herbst* abgelöst wurde, macht die Sache nicht weniger frustrierend.

16. Lippenbekenntnisse überprüfen

Viele neue Kulturmanager:innen starten mit der Ansage, dass sie »niederschwellig« sein wollen. Beim Trio an der der Spitze der *Kunsthalle Wien* – Nataša Ilić, Ivet Ćurlin und Sabina Sabolović – klang das in einem *Stan-*

dard-Interview 2019 so: »Wir haben eine Art Kunstlaboratorium vor Augen. Künstlerische Produktion und Forschung soll auf Wien und seine Menschen treffen. Was macht diese Stadt aus? Worüber diskutiert sie? Was bringt sie weiter? Unser Programm richtet sich an Wien und nimmt das Hier und Jetzt auf.« Zwei Jahre später ist die *Kunsthalle* vom Radar der öffentlichen Wahrnehmung verschwunden. Sie gilt als abgehoben, elitär, theoretisch. Ihr Kurator:innenkauderwelsch ist selbst für gestandene Museumsbesucher:innen schwer verständlich. Dabei hatten Ilić, Ćurlin und Sabolović einen guten Ansatz: »Wir als Mediatoren müssen den Menschen helfen, einen Zugang zu finden.« Es ist Aufgabe der Kontrollinstanzen, im Rahmen einer Demokratisierungsoffensive die Realisierung solcher Lippenbekenntnisse endlich verbindlich einzufordern.

17. Irrationale Phrasen entlarven
Verabschieden wir uns im Zuge einer konsequenten Leistungsüberprüfung auch vom sogenannten Nicht-das-Beste-sondern-das-Richtige-Paradigma. Erfunden hat diese typisch österreichische Legitimation für irrationale Entscheidungspolitik der ehemalige Fußballnationaltrainer Josef Hickersberger. Für den Kader zur Heim-EM 2008 hatte er einige Topspieler unberücksichtigt gelassen und verlautbart: »Ich habe nicht die besten Spieler Österreichs nominiert, sondern mich bemüht, die Richtigen zu nominieren. Und das müssen nicht immer die Besten sein.« Hickersberger hat sich damit zwar nicht

als ÖFB-Erfolgstrainer, aber immerhin als Sprachrohr der österreichischen Seele profiliert. Nicht das Beste, sondern das Richtige – selten zuvor wurde Beliebigkeit und die Anwendung unlauterer Auswahlkriterien mit so einer philosophischen Anmutung verkauft. Seither ist mir das »Nicht-das-Beste-sondern-das-Richtige«-Paradigma auch in der Kulturbranche immer wieder begegnet. Ich habe viel darüber nachgedacht, wie jemand, der:die zum Beispiel am besten für einen Job geeignet ist, nicht der:die Richtige sein kann. Leider ergebnislos. Und umgekehrt wollte ich verstehen, welches Bild ein Mensch vermitteln muss, um ohne Best-Eignung als der:die Richtige durchzugehen. Die Ergebnisse dieser Überlegungen waren teilweise verstörend. Wir müssen die Hickersberger-Philosophie dringend umdeuten: Es handelt sich um eine sinnentleerte Floskel, die das Richtige für eine Stammtisch-Unterhaltung, aber nicht das Beste für eine wettbewerbsfähige Kulturbranche ist.

18. Das richtige Personal finden
Hüten wir uns insbesondere bei der Planung und Umsetzung von Kulturprojekten davor, ein Problem wie einen heiligen Schrein anzubeten. Fakt ist, dass es sehr viele Menschen gibt, die gute Ideen gebären und unmittelbar nach der Geburt Euphorie entwickeln und vermitteln. Doch schon kurz danach erfolgt eine Binnenscheidung. Nämlich dann, wenn eine Idee von wohlmeinenden Weggefährt:innen, aber auch von renitenten Bedenkenträger:innen auf Realisierbarkeit abgeklopft

wird. Die einen betrachten etwaige Hürden als elastische Kippstangen, die man einfach mal beiseiteräumt. Die anderen machen vor der Hürde halt, betrachten sie von allen Seiten, analysieren ihr Gefahrenpotenzial und kehren schließlich um, weil das alles viel zu riskant ist. Gruppe eins wird unabhängig vom Gelingen oder Scheitern der Idee für den bloßen Versuch belohnt, weil sie auf ihrem Weg unglaublich viel lernt und dabei andere Menschen inspiriert. Unser Personal für Kultureinrichtungen und Kulturverwaltung müssen wir aus dieser Gruppe rekrutieren.

19. Verpflichtung zur Verständlichkeit

In Bezug auf funktionierende Integration gibt es mittlerweile einen breiten Konsens dahingehend, dass »leichte Sprache« eine entscheidende Rolle spielt. Von ihr profitieren Menschen mit Behinderung, Menschen mit einer Lernschwäche, Menschen mit eingeschränkten Deutschkenntnissen, ältere Menschen und auch Jugendliche, oder anders gesagt: Von ihr profitieren überproportional viele Menschen, die der Kulturbetrieb gerne in Nischen abschiebt. Immer mehr Behörden und Medienbetriebe mit öffentlich-rechtlichem Auftrag sind angehalten, ihr Angebot auch in leicht verständlicher Sprache anzubieten. An den großen Sprechbühnen ist diese Entwicklung ebenso vorübergezogen wie an den kunsthistorischen Erläuterungen der Kuratoren. Weil Inklusion für eine humanistische Säule wie die Kultur keine freiwillige Fleißaufgabe sein darf, muss es eine Verpflichtung zur barrierefreien Kommunikation sowohl in den künstlerischen Inhalten als auch in den Vermittlungsprogrammen geben.

20. Kultur als »Fünfte Gewalt«

Kultur hat Verfassungsrang. Sie hat deshalb Verfassungsrang, weil sie keine Nice-to-have-Facette des Alltags ist, sondern weil ihr existenzielle Funktionen zugeschrieben werden: Kultur ist Ort der politischen Meinungs- und Willensbildung, Verhandlungsraum für drängende Fragen der Menschheit, Projektionsfläche für gesellschaftliche Entwicklungen, Säule der humanistischen Bildung, Kontrollinstanz und Verfechter von Integration und Diversität. Anscheinend braucht es aber neue sprachliche Symbolbilder, um diese Bedeutung wieder im öffentlichen Diskurs zu verankern. Wir müssen dafür kämpfen, dass Kultur als informelle »Fünfte Gewalt« in die Säulenhalle der Demokratie aufgenommen wird.

21. Zielvereinbarungen treffen

Es ist höchste Zeit, dass wir uns im Kulturbetrieb von akademischen Zielgruppendebatten als Feigenblatt für gleichgültige Tatenlosigkeit verabschieden und stattdessen unseren Hausverstand walten lassen – zum Beispiel in Form eines Blicks in den Zuschauerraum. Eine ehemalige Schauspielerin des *Theaters in der Josefstadt* erzählte mir mal, dass aus Bühnenperspektive zwei Eindrücke prototypisch seien: Zu Beginn der Vorstellung das nahezu lückenlose Nebeneinander der grauviolett schimmernden hochtoupierten Frisuren. In der Mitte der Vorstellung eine Frontalansicht diverser Nasenlöcher von Eingeschlafenen. Wo solche Bonmots die Runde machen, besteht Handlungsbedarf. Wir brauchen verbindliche Zielvereinbarungen in Bezug auf die Ansprache neuer Zielgruppen, an deren Erfüllung Finanzierungszusagen gekoppelt sind.

22. Genregrenzen überwinden

Der Kulturbetrieb muss eine stabile Liebe zu Quereinsteiger:innen entwickeln. Mit »Quereinsteiger:in« ist übrigens nicht ein:e Filialleiter:in von Lidl gemeint, der:die an die Spitze einer Museums-Dependance wechselt. Im österreichischen Kulturbetrieb gilt man bereits als Quereinsteiger:in, wenn man vor Antritt einer Theaterintendanz nicht sein ganzes Leben als Dramaturg:in oder Regieassistent:in in Landestheatern verbracht hat, sondern zum Beispiel aus der Bildenden Kunst kommt. Dabei wäre es wichtig, Kulturmanagement als genreübergreifende Kategorie mit heterogenen Perspektiven in den Führungsetagen zu begreifen, um endlich der Heterogenität des potenziellen Publikums gerecht zu werden. Dieses Publikum ist nämlich selten reines »Tanzpublikum« oder reines »Klassikpublikum«, also selten reines Spartenpublikum – es ist in den allermeisten Fällen Kulturpublikum. In diesem Sinne könnten wir unseren neuen Kulturbegriff um eine Losung erweitern:

Kultur ist der Rahmen, in dem wir gesellschaftlich relevante Themen mit künstlerischen Mitteln verhandeln. Dabei bekennen wir uns dazu, dass die daraus resultierenden Inhalte für alle Teile der Bevölkerung verständlich sein sollten – egal ob durch den eigentlichen Inhalt oder die damit einhergehende Vermittlung oder eine Mischung aus beidem. Wir können uns dabei gerne in gelernten Kulturgattungen wie Darstellende Kunst, Bildende Kunst oder Literatur bewegen, solange wir für genreübergreifendes Arbeiten und genreübergreifende Kulturarbeiter:innen offenbleiben.

Wie erfrischend so ein:e »Quereinsteiger:in« sein kann, zeigte zum Beispiel Matti Bunzl, der von einer wissenschaftlichen Tätigkeit als Kulturanthropologe an der University of Illinois in die Direktion des *Wien Museums* wechselte und hier für interessante Impulse sorgte. Oder Bogdan Roščić, der zunächst Musikjournalist, dann *Ö3*-Chef, dann Label-Manager und schließlich Staatsoperndirektor wurde und in dieser Funktion genügend Esprit und Chuzpe mitbrachte, um sich gleich mal mit selbstbewussten Museumslenkern wie *Albertina*-Direktor Klaus Albrecht Schröder anzulegen. Der intrigiert bezeichnenderweise gegen die Kinderoper, die Roščić als Nachbar der *Albertina modern* im *Künstlerhaus* etablieren will. Insgesamt müssen es sich die Entscheider:innen bei Stellenbesetzungsverfahren im Kulturbetrieb angewöhnen, Lebensläufe abseits engstirniger Genrekategorien und Standesdünkel zu befördern.

23. Mythen entlarven

Glauben wir niemals den Mythen, die die institutionellen Stammhalter:innen des Kulturbetriebs rund um angeblich einmalige Kompetenzen, unumstößliche Aufgabenbereiche und kaum bewältigbare Herausforderungen bauen. Sie verfolgen damit drei Ziele. Erstens: Etwaige Erfolge sollen überhöht werden. Zweitens: Mögliche Niederlagen sollen prophylaktisch gerechtfertigt werden. Drittens: Potenzielle Herausforderer:innen sollen abgeschreckt werden. Wer etwas verändern will, darf sich aber nicht abschrecken lassen. Wer etwas verändern will, braucht auch keine Überhöhungen und keine Rechtfertigungen, weil für Protagonist:innen der Veränderung eine wunderbare Zeile aus Falcos »Junge Römer« gilt: »Das Tun kommt aus dem Sein allein.« Die Protagonist:innen der Veränderung sind so auf den Kern ihres Wirkens fokussiert, dass Kategorien wie Erfolg oder Misserfolg vergängliche Bestandteile eines andauernden Prozesses namens Kultur werden.

Quellenverzeichnis

Kultur, was ist das eigentlich?
Deutsche UNESCO-Kommission: Kulturdefinition UNESCO, in: *Weltkonferenz über Kulturpolitik. Schlussbericht der von der UNESCO vom 26. Juli bis 6. August 1982 in Mexiko-Stadt veranstalteten internationalen Konferenz.* München: K. G. Saur 1983. (UNESCO-Konferenzberichte, Nr. 5), S. 121, abgerufen am 14.2.2022, www.bak.admin.ch/bak/de/home/themen/kulturdefinition-unesco.html#:~:text=

Österreichische Kulturskandale der letzten 10 Jahre
Graber, Renate; Stuiber, Petra; Weiss, Stefan: *Aufschrei auf offener Bühne: Burgtheater-Mitarbeiter stehen gegen Machtmissbrauch auf*, 2.2.2018, abgerufen am 14.2.2022, www.derstandard.at/story/2000073542781/aufschrei-auf-offener-buehne-burgtheater-mitarbeiter-stehen-gegen-machtmissbrauch-auf

Kulman, Elisabeth u. a.: *Offener Brief an den Präsidenten der Tiroler Festspiele Erl*, 25.7.2018, abgerufen am 14.2.2022, www.ots.at/presseaussendung/OTS_20180725_OTS0021/offener-brief-an-den-praesidenten-der-tiroler-festspiele-erl-anhang

Hilpold, Stephan; Lettner, Christopher; Gottsauner-Wolf, Clara: *Martin Kušej: »In diesem Land geht es nur mehr bergab«*, 13.10.2021, abgerufen am 14.2.2022, www.derstandard.at/story/2000130397314/martin-kusej-in-diesem-land-geht-es-nur-mehr-bergab

Ein klarer Kulturbegriff
IG Kultur, IG Autorinnen Autoren: *Offener Protestbrief: Kultur braucht Perspektive.* 8.3.2021, abgerufen am 14.2.2022, igkultur.at/artikel/protest-kultur-corona

Kunst muss gar nichts

Tartarotti, Guido: *Sven-Eric Bechtolf: »Wir stellen etwas Unnützes her«*, 13.7.2014, abgerufen am 14.2.2022, kurier.at/kultur/sven-eric-bechtolf-wir-stellen-etwas-unnuetzes-her/74.603.155

Salzburger Festspiele Archiv: *Einnahmen des Salzburger Festspielfonds, Geschäftsjahr 2015/16*, o.D., abgerufen am 14.2.2022, archive.salzburgerfestspiele.at/Portals/0/SF2015_2016_Einnahmen_Kuchen.jpg

Salzburger Festspiele Archiv: *Daten und Fakten*, o.D., abgerufen am 14.2.2022, archive.salzburgerfestspiele.at/daten-fakten

Kultur ohne Ideologie

Baumhackl, Ute: *Interview: Ulrike Lunacek sucht die Auseinandersetzung: »Kritik ist das Salz der Demokratie«*, 16.1.2020, abgerufen am 14.2.2022, www.kleinezeitung.at/kultur/5753439/Interview_Ulrike-Lunacek-sucht-die-Auseinandersetzung_Kritik-ist

Dusini, Matthias: *Mehr Geld für die Kultur: Andrea Mayers Glanzstück*, in: Falter 42/21, 20.10.2021, abgerufen am 14.2.2022, www.falter.at/zeitung/20211020/mehr-geld-fuer-die-kultur--andrea-mayers-glanzstueck/_b0a6e9a219

Wikipedia-Artikel: *Viktor Matejka*, o.D., abgerufen am 14.2.2022, de.wikipedia.org/wiki/Viktor_Matejka

Publicity-Killer Kultur

Peymann, Claus; Müller, André: Ich bin ein Sonntagskind. André Müller spricht mit Burtheaterdirektor Claus Peymann. 27. Mai 1988, abgerufen am 1.6.2022, https://www.zeit.de/1988/22/ich-bin-ein-sonntagskind/komplettansicht

Müller, André: *Texte, Gespräche, Interviews*, o.D., abgerufen am 14.2.2022, andremuller.com-puter.com

Rechte Ideologie und ihre kulturellen Mitstreiter

Balzer, Vladimir; Boos, Juergen: *Rechte Verlage auf der Frankfurter Buchmesse. »Wir können niemanden ausschließen«*, 19.10.2021, abgerufen am 14.2.2022, www.deutschlandfunkkultur.de/rechte-verlage-auf-der-frankfurter-buchmesse-wir-koennen-100.html

Brill, Klaus: *Europa und seine Politiker: Die Stunde der Populisten*, 19.5.2010, abgerufen am 14.2.2022, www.sueddeutsche.de/politik/europa-und-seine-politiker-die-stunde-der-populisten-1.917758

Zur Definition von »Populismus«: www.dwds.de/wb/Populismus

Vom Insiderjob zu einem Job für Kultur-Insider

Der Standard: *Wiens SPÖ-Kulturstadtrat Mailath-Pokorny tritt zurück*, 12.4.2018, abgerufen am 14.2.2022, www.derstandard.at/story/2000077771494/krone-spoe-kulturstadtrat-andreas-mailath-pokorny-tritt-zurueck

Wiener Zeitung Amtsblatt: *Stellen, Stellenausschreibungen, Ausgabe Nr. 079*, 21.4.2018, abgerufen am 14.2.2022, www.wienerzeitung.at/amtsblatt/aktuelle_ausgabe/artikel/?id=3889532

APA: *Ex-Stadtrat Mailath-Pokorny wird Rektor von Stadt-Wien-Privatuni*, 28.6.2018, abgerufen am 14.2.2022, www.derstandard.at/story/2000082429806/ex-stadtrat-mailath-pokorny-wird-rektor-von-stadt-wien-privatuni

Kronsteiner, Olga: *Neue Leitung der Mozart-Museen in türkisem Schimmer*, 7.11.2021, abgerufen am 14.2.2022, www.derstandard.at/story/2000130967528/neue-leitung-der-mozart-museen-in-tuerkisem-schimmer

oesterreich.orf.at: *RH veröffentlichte Gehälter im Kulturbetrieb*, 13.12.2019, abgerufen am 14.2.2022, oesterreich.orf.at/stories/3026043/

Tošić, Ljubiša: *Kristina Hammer wird neue Präsidentin der Salzburger Festspiele*, 24.11.2021, abgerufen am 14.2.2022, www.derstandard.at/story/2000131404884/salzburger-festspiele-kristina-hammer-ab-2022-neue-praesidentin

Hilpold, Stephan: *Stadtmarketing-Co-Chefin Gerlinde Riedl übernimmt Kunst Haus Wien*, 5.4.2022, abgerufen am 6.4.2022, www.derstandard.at/story/2000134688391/stadtmarketing-co-chefin-gerlinde-riedl-soll-kunst-haus-wien-uebernehmen

APA: *Elf Bewerber um Burgtheater-Intendanz ab 2019*, 25.5.2017, abgerufen am 14.2.2022, www.derstandard.at/story/2000058254364/elf-bewerber-um-burgtheater-intendanz-ab-2019

APA: *Bewerbungsfrist für Burgtheater abgelaufen: Martin Kusej Favorit?*, 17.6.2014, abgerufen am 14.2.2022, www.vienna.at/bewerbungsfrist-fuer-burgtheater-abgelaufen-martin-kusej-favorit/3997708

APA: *Martin Kusej wird neuer Burgtheater-Direktor*, 30.6.2017, abgerufen am 14.2.2022, www.noen.at/in-ausland/ab-2019-martin-kusej-wird-neuer-burgtheater-direktor-kulturpolitik-personalia-theater-wien-52960508

Kleine Zeitung: *Ende der Bewerbungsfrist | Armin Wolf findet ORF-Wahl »zum Weinen«*, 28.7.2021, abgerufen am 14.2.2022, www.kleinezeitung.at/kultur/medien/6013849/Ende-der-Bewerbungsfrist_Armin-Wolf-findet-ORFWahl-zum-Weinen

Eine neue Bildungskultur

Deutsche Bundeszentrale für politische Bildung: Was ist kulturelle Bildung, 23.7.2009, abgerufen am 1.6.2022, www.bpb.de/lernen/kulturelle-bildung/59910/was-ist-kulturelle-bildung/

Ermert, Karl: *Was ist kulturelle Bildung?*, 23.7.2009, abgerufen am 14.2.2022, www.bpb.de/lernen/kulturelle-bildung/59910/was-ist-kulturelle-bildung/?p=1

Der Standard: *Fast ein Viertel aller Jugendlichen hat psychische Probleme*, 1.6.2017, abgerufen am 14.2.2022, www.derstandard.at/story/2000058583325/fast-jeder-vierte-jugendliche-hat-psychische-probleme

Der Standard: *Zeitaufwand für die Schule: Bis zu 62 Stunden pro Woche*, 15.2.2008, abgerufen am 14.2.2022, www.derstandard.at/story/2875846/zeitaufwand-fuer-die-schule-bis-zu-62-stunden-pro-woche

Rosenkranz, Phoebe; Frietsch, Martina: *PISA, was ist das?*, 2008/12.11.2019, abgerufen am 14.2.2022, www.planet-wissen.de/gesellschaft/lernen/schulgeschichte/pwiepisawasistdas100.html

Wikipedia-Artikel: *PISA-Studien*, o.D., abgerufen am 14.2.2022, de.wikipedia.org/wiki/PISA-Studien

Der Kampf gegen das kulturelle Bildungsversagen kann beginnen

APA: Studie: *14 Prozent der Lehrer sind ausgebrannt*, 18.10.2019, abgerufen am 14.2.2022, www.derstandard.at/story/2000110063178/studie-14-prozent-der-lehrer-sind-ausgebrannt

Reichl, Corinna; Wach, F.-Sophie; Spinath, Frank M.; Brünken, Roland; Karbach, Julia: *Burnout-Risiko bei Lehramtsstudierenden im ersten Jahr: Die Rolle von Persönlichkeit und Motivation*, August 2014, abgerufen am 14.2.2022, www.sciencedirect.com/science/article/abs/pii/S0001879114000694

Plädoyer für eine Renaissance der Neugier
Dusini, Matthias: *Nachspiel. Der ewige Corona-Lockdown: Warum die Menschen einfach nicht mehr zurück ins Theater wollen*, in: Falter 44/21, 3.11.2021, abgerufen am 14.2.2022, www.falter.at/zeitung/20211103/die-kulturkritik-der-woche/_76ad2cdfb6

Die österreichische Variante von Neugier
Cerny, Karin: *Festwochen-Chef Slagmuylder: »Der Teufel zündet ein Streichholz an«*, 23.10.2018, abgerufen am 14.2.2022, www.profil.at/kultur/festwochen-chef-slagmuylder-interview-10427848

Affenzeller, Margarete; Hilpold, Stephan: *Christophe Slagmuylder: »Die internationale Ausrichtung fehlt«*, 14.2.2019, abgerufen am 14.2.2022, www.derstandard.at/story/2000098026343/christophe-slagmuylder-die-internationale-ausrichtung-fehlt

Sobbe, Georg: *Internationales 2020*, o.D., abgerufen am 14.2.2022, www.musikindustrie.de/markt-bestseller/musikindustrie-in-zahlen/internationales-2020

Warum nicht? Der Versuch einer Trendwende
Levchin, Max: *Das erste Unternehmen, das ich gegründet habe, ist mit einem großen Knall ...*, 25.10.2014, abgerufen am 14.2.2022, ichmeinsgut.de/2014/10/das-erste-unternehmen-das-ich-gegruendet-habe-ist-mit-einem-grossen-knall/

Solidarität – kein Kampfbegriff, sondern ein Kulturbegriff
Grossmann, Stefanie: *Die Geschichte des Impfens und seiner Gegner*, 1.12.2021, abgerufen am 14.2.2022, www.ndr.de/geschichte/chronologie/Pocken-Polio-Corona-Geschichte-des-Impfens-und-seiner-Gegner,impfen446.html

Hausjell, Fritz und Zöchling, Christa: »*Bei Pressefreiheit sind wir nicht unter den Top-Ländern*«, 26.12.2021, abgerufen am 14.2.2022, www.profil.at/podcasts/medienhistoriker-fritz-hausjell-bei-pressefreiheit-sind-wir-nicht-unter-den-top-laendern/401848480

Eine Utopie namens »Applaus 2024«

Österreichische Bundesregierung (SPÖ und ÖVP): *Erfolgreich. Österreich. Arbeitsprogramm der österreichischen Bundesregierung für die Jahre 2013 bis 2018*, o.D., abgerufen am 14.2.2022, images.derstandard.at/2013/12/12/regierungsprogramm%202013%20-%202018.pdf

Österreichisches Bundesministerium für europäische und internationale Angelegenheiten: *Klimaneutral bis 2040: Außenministerium stärkt Standort Österreich und Klimaschutz durch grüne Wirtschaftsdiplomatie*, 21.10.2021, abgerufen am 14.2.2022, www.bmeia.gv.at/ministerium/presse/aktuelles/2021/10/klimaneutral-bis-2040-aussenministerium-staerkt-standort-oesterreich-und-klimaschutz-durch-gruene-wirtschaftsdiplomatie/

DPA: *VW nennt Zeitrahmen für Abschied vom Verbrennungsmotor*, 26.6.2021, abgerufen am 14.2.2022, www.faz.net/aktuell/wirtschaft/auto-verkehr/vw-nennt-zeitrahmen-fuer-abschied-vom-verbrennungsmotor-17409439.html

Deutsches Bundesministerium für Wirtschaft und Klimaschutz: *Klimaschutzplan 2050*, o.D., abgerufen am 14.2.2022, www.bmwi.de/Redaktion/DE/Artikel/Industrie/klimaschutz-klimaschutzplan-2050.html

23 Denkanstöße für einen reformierten Kulturbetrieb

Hilpold, Stephan: *Kunsthalle-Trio: »Wir wollen kein leeres Haus führen«*, 15.11.2019, abgerufen am 14.2.2022, www.derstandard.at/story/2000111066380/kunsthalle-trio-wir-wollen-kein-leeres-haus-fuehren

Literaturempfehlungen

Bakkar, Nur: *Web-Talk-Reihe »Diversität in Kultur und Kulturpolitik«. Zusammenfassung*, Kulturpolitische Gesellschaft 2021, abgerufen am 14.2.2022, kupoge.de/wp-content/uploads/2021/08/Diversitaet-in-Kultur-und-Kulturpolitik.pdf?fbclid=IwAR3we5hVI2WlbSsp3-Dbpj5dT5-_7FQ3TpNAGH0oFQX5mH0VbvEvXut3upM

Bernecker, Roland; Grätz, Ronald (Hg.): *Kultur und Freiheit: Beschreibung einer Krise*, Steidl Verlag 2021

Kramer, Dieter: *Kulturpolitik neu erfinden. Die Bürger als Nutzer und Akteure im Zentrum des kulturellen Lebens*, Edition Umbruch 28, Klartext Verlag Bonn/Essen 2012

Lenz, Werner: *Bildung - Eine Streitschrift. Abschied vom lebenslänglichen Lernen*, Löcker Verlag 2011

LWL Kultur: *Kultur in Bewegung: Agilität - Digitalität - Diversität*. 3-teilige Publikationsreihe, o.D., abgerufen am 14.2.2022, www.lwl-kultur.de/de/publikationen-positionen/kulturbewegung-agilitat-diversitat-diversitat

Mohr, Henning; Modarressi-Tehrani, Diana: *Museen der Zukunft: Trends und Herausforderungen eines innovationsorientierten Kulturmanagements* (Schriften zum Kultur- und Museumsmanagement), transcript 2021

Möller, Kolja (Hg.): *Populismus: Ein Reader*, suhrkamp taschenbuch wissenschaft 2022

Pähler, Alexander: *Kulturpolitik für eine pluralistische Gesellschaft. Überlegungen zu kulturellen Grenzen und Zwischenräumen*, Edition Umbruch 34, Klartext Verlag Bonn/Essen 2021

Russ-Mohl, Stephan: *Streitlust und Streitkunst* (Schriften zur Rettung des öffentlichen Diskurses): Diskurs als Essenz der Demokratie, Herbert von Halem Verlag 2020

Scheytt, Oliver: *Kulturstaat Deutschland: Plädoyer für eine aktivierende Kulturpolitik: Plädoyer für eine zeitgemäße Kulturpolitik* (X-Texte zu Kultur und Gesellschaft), transcript 2008

Schramm, Dario: *Die Vernachlässigten: Generation Corona: Wie uns Schule und Politik im Stich lassen. Die Streitschrift eines Corona-Abiturienten*, Droemer HC 2022

Transcript Verlag (Hg.): *TRANSFORMATION: Strategien und Ideen zur Digitalisierung im Kulturbereich* (Edition Museum, Bd. 54), transcript Verlag 2021

Volke, Christina: *Intervention Kultur: Von der Kraft kulturellen Handelns*, VS Verlag für Sozialwissenschaften 2010

Lesenswerte Links

www.kunstderdemokratie.de
www.bpb.de
www.kulturagenda2030.de
www.kulturmanagement-portal.de
www.educult.at

Personenregister

Abramović, Marina: 34
Bechtolf, Sven-Eric: 29f, 35
Bernhard, Thomas: 34
Bohuslav, Petra: 63
Bräuer, Manuel: 19f
Brill, Klaus: 50
Bunzl, Matti: 150
Ćurlin, Ivet: 144f
Dusini, Matthias: 111f
Falco: 113, 114, 122, 151
Gabalier, Andreas: 49
Hammer, Kristina: 65f
Hanke, Peter: 66f
Hartmann, Matthias: 17f, 103
Haslauer, Wilfried: 53
Heyme, Hansgünther: 106
Hickersberger, Josef: 145f
Hofinger, Christoph: 112
Hölzel, Hans, siehe *Falco*
Hotter, Erich: 83
Husslein, Agnes: 18
Ilić, Nataša: 144f
Kaup-Hasler, Veronica: 66f, 144
Klaus, Josef: 36
Klimek, Peter: 53
Klumpner, Linus: 64
Kovalskaya, Elena: 22
Kreisky, Bruno: 36, 42
Kuhn, Gustav: 18, 103
Kurz, Sebastian: 21

Kušej, Martin: 18, 21
Levchin, Max: 124
Ludwig, Michael: 64
Lunacek, Ulrike: 40
Mailath-Pokorny, Andreas: 63f, 71
Manker, Paulus: 19f
Marboe, Peter: 41
Matejka, Viktor: 41
Mayer, Andrea: 40ff
Meyer, Dominique: 19
Meyerhoff, Joachim: 69
Naidoo, Xavier: 49
Noever, Peter: 17
Pallauf, Brigitta: 65
Patay, Franz: 63f, 71
Peymann, Claus: 47
Pirinçci, Akif: 49
Reimon, Michel: 25f
Riedl, Gerlinde: 66
Roščić, Bogdan: 150
Sabolović, Sabina: 144f
Sarrazin, Thilo: 49
Schallenberg, Alexander: 63, 64
Schlingensief, Christoph: 34
Scholten, Rudolf: 41
Schröder, Klaus Albrecht: 150
Slagmuylder, Christophe: 114
Wolf, Armin: 68
Zierhofer-Kin, Tomas: 114

Wozu braucht es im 21. Jahrhundert ein militärgeschichtliches Museum, was kann und muss es leisten? Zur Zukunft und den angekündigten Neuerungen des Wiener Heeresgeschichtlichen Museums stellen in diesem Sammelband Kurator:innen, Historiker:innen, Kulturwissenschaftler:innen und Journalist:innen Thesen, Ideen und Visionen auf und gehen dabei der zentralen Frage nach, wie Krieg als Thema im Museum behandelt werden soll.

»Was der nun erschienene Band *Kriege gehören ins Museum – Aber wie?* schafft: Man möchte hin und sich dieses Haus einmal ansehen und sich selbst einen Eindruck verschaffen. Mehr Empfehlung geht eigentlich schon nicht.« (Alexia Weiss, Wina)

Elena Messner & Peter Pirker (Hg.): Kriege gehören ins Museum!
Aber wie?, 344 Seiten, 24 Euro

Dem langen Weg bis zum Frauenwahlrecht, was seither passiert ist und wo wir heute stehen, gehen Schriftstellerinnen, Historikerinnen, Politologinnen und Journalistinnen in ihren reflektierten und feministischen Texten nach. Sie berichten von persönlichen Erfahrungen, beleuchten die Frauenbewegung und rekapitulieren die Geschichte vom Beginn des Frauenwahlrechts bis zu #MeToo.

»Durch den gemeinsamen Horizont des allgemeinen Wahlrechts erweisen sich die 18 Beiträge als anschlussfähig, ergänzen einander, weisen bisweilen aber auch sehr unterschiedliche Perspektiven und Einschätzungen auf.« (Paul Hafner, Buchkultur)

Messner, Schörkhuber, Sturm (Hg.): Warum feiern. Beiträge zu 100 Jahren Frauenrecht, 288 Seiten, 18 Euro

Dieser Band beleuchtet die vielfältigen Gründe für Migration und Flucht aus verschiedenen Perspektiven und zeichnet deren historische Entwicklung nach. Von der Binnenmigration während der Habsburgermonarchie, der Flucht vor dem NS-Regime, Arbeitsmigration in den 1960er-Jahren bis zu den aktuellen Entwicklungen und einem Ausblick in die Zukunft. Welche Chancen und Konflikte entstehen – und welche Gefahren gehen von einem Wiedererstarken des Nationalismus aus?

»Eine umfassende – mitunter vielleicht diskutierbare – Abhandlung in einer Sachlichkeit, wie sie in der öffentlichen Diskussion öfter wünschenswert wäre.« (Edgar Schütz, APA)

Grasl-Akkilic, Schober, Wonisch (Hg.): Aspekte der österreichischen Migrationsgeschichte, 496 Seiten, 25 Euro

Für die Kultur ist kein Geld mehr da – die Krise einer Großbank hat sämtliche Landesmittel aufgebraucht, der Traum vom Wachstum liegt in Trümmern, und mit ihm der Kulturbetrieb. Einige arbeitslos gewordene Künstlerinnen und Künstler richten daraufhin in einer leer stehenden Industriehalle das »Theater auf Lager« ein. Dort wollen sie das Theaterstück einer Autorin umsetzen, die mit den Banken und dem Finanzwesen hart ins Gericht geht ...

»Ein Roman, der mit einigem schwarzen Humor ganz nebenbei Einblick in Charaktere und Strukturen des Theatermilieus gewährt und dabei eine klug aufgebaute, raffiniert verschachtelte Polit-Kriminalgeschichte erzählt.« (Hanna Ronzheimer, ORF/Ö1)

Elena Messner: Nebelmaschine. Roman, 216 Seiten, 21 Euro

Erste Auflage
© Edition Atelier, Wien 2022
www.editionatelier.at
Cover: Jorghi Poll
Druck: Grafički zavod Hrvatske, Zagreb
ISBN 978-3-99065-080-6 / E-Book ISBN: 978-3-99065-085-1

Das Buch ist urheberrechtlich geschützt. Alle Rechte vorbehalten, insbesondere für Übersetzungen, Nachdrucke, Vorträge sowie jegliche mediale Nutzung (Funk, Fernsehen, Internet). Kein Teil des Werkes darf in irgendeiner Form ohne schriftliche Genehmigung des Verlags und des Autors reproduziert oder weiterverwendet werden.

Mit freundlicher Unterstützung der Literaturabteilung der Stadt Wien, MA7 und der Kunstförderung des Bundeskanzleramtes Österreich.

BUNDESKANZLERAMT ■ ÖSTERREICH

KUNST

Weitere Bücher finden Sie auf der Website des Verlags:
www.editionatelier.at